JN438459

내민 손 잡은 손

내민 손 잡은 손

변종호 수필집

수필과비평사

작가의 말

질박한 무쇠솥의 미덕은 포용이다.
제 몸 돌보지 않고 설익거나 타지 않게 다독이며
익히는 어머니 마음이다.

고슬고슬하고 쫀득한
밥을 차려내고 싶었으나
설익거나 눌은밥도 있음이다.
평소 잘 써보겠다는 마음도 욕심일 뿐
부질없다는 걸 알았다.

작년 여름,
원추리로 유명한 덕유산에서다.
이름을 알려줘도 몇 걸음 걷다 보면
금세 떠오르지 않았다.

앞서가는 야생화 전문가에게 물어봤다.
"조금 전에 본 꽃이 뭐라 하셨지요?"

휙 돌아서며 하는 말이 가슴에 꽂힌다.
“굳이 이름 외우려고 애쓰지 말고 보이는 데로 즐기세요.”
철학이 녹아든 일침이다.

그래 즐기면 그만인 걸
여태 기 쓰며 외우고 담아놓느라
진을 쏙 빼지 않았던가.
이제는 움켜쥐었던 손을 펴면서
덜어내야 할 시기이다.
그런 마음으로 《내민 손 잡은 손》을 내놓는다.

2022년 초여름에 변종호

차례

1부 내민 손 잡은 손

2부

구리거울

3부

그림을 찍다

4부

미욱한 어미

5부

나도수정초

1부

내민 손 잡은 손

노각老角

노란 꽃을 꽁지에 매단 지 한 달여, 더는 키울 수 없는 몸피를 빼곡히 자리 잡은 어린 것들이 어미에게 금을 그었다. 일곱 번의 만삭을 견뎌낸 내 어머니의 배처럼 빤한 틈이 없다. 얼마나 아팠으면 저리 갈라졌을까. 자연에 순응하는 어미의 본성으로 치러낸 흔적이다.

긴 장마로 따분해진 오후, 재래시장을 찾았다. 딱히 살 것은 없지만 구경하는 재미로 어슬렁거리다 마음이 동하면 찬거리를 사거나 간이 의자에 엉덩이 들이밀고 순대나 부침개, 잔치국수를 먹으면 그만인 곳이다.

환경을 오염시키고 다툼에 길든 세상을 끝장내려는 듯 두 달 가까이 쏟아진 폭우로 곳곳에서 수해를 입었다. 그런 연유로 노지露地 포도와 토마토는 갈라지고 자두와 복숭아는 맹탕이다. 채소는 녹거나 병들어 가게 진열대가 휑하다. 그나마 있는 물건은 비싸기도 하지만 신선하지도 않다.

든버릇으로 시장에 들어서면 끝까지 갔다 돌아 나온다. 설령 눈길이 가도 단박에 달려들지 않는다. 젊은 날에는 즉흥적이라 비싸게 샀고 좋은 물건을 놓치기도 했다. 시장 끝에 다다르니 고만고만한 노각 서너 개를 앞에 놓은 할머니가 있다. 세월의 흔적을 고스란히 얼굴에 새기고 쪼그려 앉아있다. 문득, 비알 밭을 매다 고랑에 앉아 긴 한숨을 토해내던 어머니로 겹쳐진다. 목울대가 뻐근해 온다. "할머니 이거 얼마예요", "만 원만 줘유." 아내의 낯빛이 확 변한다, "아니, 이걸 다 사서 뭐하게요, 하나만 사던지." 들은 체도 않고 돈을 건넸다.

대체 몇 번을 쓴 건지 잔뜩 구겨진 검정 봉지에 퍼질러 누운 노각이 묵직하다. 탱탱하던 청춘도 물 건너간 지 오래, 가슴은 온통 시퍼런 멍으로 도배했을 노각이 이렇게 선택받은 것만도 다행이라며 히죽거릴 것 같다.

누르스름한 색에 껍질은 터지고 크기는 튼실한 장정의 팔뚝 같지만 모양새는 하나같이 구부정하다. 서너 살배기 사내아이의 고추만 할 때 이미 자잘한 가시로 무장하고 한껏 몸뚱이를 키웠지만, 주인의 간택을 제때 받지 못한 셈이다.

애당초 상큼함은 기대할 게 아니다. 사람이나 오이나 늙으면 거죽에 골이 파이고 원치 않는 냄새도 풍기게 마련이다. 곤궁했던 시절, 채소가 귀한 장마 끝에 씨받이로 두었던 노각은 요긴한 반찬거리였다.

결코 녹록지 않은 인생길에서 일이 버겁거나 몸이 아프면 이순 중반을 넘었는데도 어머니가 그립다. 무더위에 입맛을 잃을 때면 더 그렇다. 말복 더위가 지날 무렵 입 짧은 막내에게 새콤달콤하게 무쳐주던 어머니의 손맛이 그리워 호기롭게 사 들고 온 노각이다.

밀어낸 세월이 반세기를 훌쩍 넘어섰다. 천둥벌거숭이로 주천강에서 멱 감던 팔월이면 숨바꼭질하다 늙어버린 오이는 내 장딴지보다 굵었고, 거죽은 사방으로 갈라졌었다. 어머니는 껍질을 벗겨내고 배를 쩍 갈랐다. 허연 속살을 내보이던 노각의 뱃속에는 잘 여문 생명이 그득했고 수저로 긁어내 손질한 씨앗은 이듬해 볕 좋은 채마전에서 싹을 틔웠다.

고단함을 고스란히 내보였던 노각은 어머니 손에서 새끼손가락 크기로 잘렸다. 옴팡 소금 맛을 보고야 나긋나긋해진 토막은 삼베 주머니에서 비틀리며 쏟아내던 눈물은 슬퍼서 우는 게 아니라 종족보존에 헌신한 어미가 흘리는 기쁨의 눈물이었다.

지나온 생을 돌아보면 아쉽고 후회스러운 기억뿐이다. 큰 실수 없이 한세상 살다 갔으면 하는 바람과 달리 허방다리를 짚은 게 한두 번이 아니다. 젊은 시절 호기로운 눈에는 뭐든 할 수 있다는 오만함도 있었으나 그도 찰나였다. 혼자 가면 좋을 세월이 생명체에게 그어놓는 금들은 살아온 내력이다. 깊게 흉하게 패였다면 더 어둡고 고단하게 살았다는 증거일 게다.

부끄럽지만 심하게 튼 아내의 배를 보고 임신의 고통을 헤아리지 못한 기간이 길었다. 출산하면 아내처럼 다들 배가 트는 줄 알았다. 하지만 아니었다. 관리를 잘한 연예인은 서넛을 나았어도 매끈한 배를 거침없이 드러내며 자랑을 했다. 아내의 튼 배는 내 탓이었다.

성장한 자식이 가정을 꾸리고 살다 보니 어미는 수시로 찾아도 아비는 투명 인간이 되었다. 그냥 가족 구성원의 하나일 뿐. 순간순간 서운함도 있지만, 그 또한 욕심이지 싶다. 어미 뱃속에서 숨소리, 맥박 소리, 감정까지도 꿰뚫었을 아이들이 젖 물리고 기저귀 갈아 채우며 양육하던 기억을 어찌 잊으랴.

아내의 고통도 몰랐는데 여섯 명의 앞선 피붙이에게 다 내주고 늘어진 빈 가슴만 차지했던 아이가 어머니 튼 배를 보며 아픔을 가늠하기란 불가했었다. 이제 와 떠올려보니 뒤란에서 등목을 끝낸 어머니가 물기를 닦을 때 보여줬던 처진 가슴과 골이 팬 뱃가죽은 일곱 명 피붙이가 남긴 흔적이었다.

촘촘하게 갈라진 노각보고 웃을 일 아니다. 새 생명을 품어 안은 세상의 모든 어미가 날마다 벌였던 사투는 날 선 칼로 제 몸에 금을 긋는 행위였다. 눈에 띄지 않는다고 안 그어진 게 아니다. 드러난 상처보다 보이지 않는 상처가 더 아프기 마련이다.

거친 상흔은 어미로 남기 위해 생살 찢어 가며 그려놓은 거룩한 궤적이다.

솥

밥맛으로 소문난 집이다. 돌솥이 아닌 작은 무쇠솥이다. 기름을 바른 듯 밥알에 윤기가 흐른다. 밥을 입안에 넣고 자그시 물어본다. 고슬고슬한 밥알이 톡톡 터진다. 식감은 쫀득하고 고소하다. 그래 이 맛이야, 반찬이 필요 없을 정도로 입에 착착 달라붙는다. 몸은 반세기를 뛰어넘은 유년 시절의 가마솥 밥을 기억하고 있었다.

솥은 삼국시대 이전 토기로 존재하다 철기로 발전하면서 오래도록 애용하는 조리기구이다. 무쇠솥이 압력밥솥으로 진화하고 근래에는 고도의 IT 기능이 접목된 전기압력밥솥이 사랑받고 있다. 그런데도 밥을 먹어본 사람은 윤기가 자르르 흐르고 노릇노릇하게 눌어 구수한 숭늉을 마실 수 있는 가마솥 밥을 으뜸으로 친다.

어느덧 세상 떠난 어머니 나이가 되어가니 별게 다 그립다. 부쩍 고향집 부뚜막에 나란히 걸렸던 세 개의 무쇠솥이 자주 떠오르는 것은 유년에 함께 했던 가족의 그리움이다. 재작년 고달팠던 삶의 끈을 놓아버린 피붙이가 있어 더 그런가 보다.

고향 집 정갈한 부엌에는 삼 형제를 상징하는 솥이 있었다. 어머니에게 솥은 당신의 강한 자존심이었다. 솥만 봐도 그 집 살림살이 가늠하던 어머니는 틈만 나면 기름 묻은 헝겊으로 솥을 문질러 방금 닦은 까만 구두처럼 광이 났다.

어머니는 솥만 반짝반짝하도록 길들인 게 아니었다. 아버지가 두고 간 자식을 흠 잡히지 않도록 단속하며 키웠다. 땅이며 살던 집까지 팔아서 떠난 가장을 대신했으니 얼마나 힘들었을까. 끼니는 물론 당장 네 식구 누울 방조차 없었던 암담함이라니. 가족이 겪은 고통이지만 발걸음을 겨우 떼던 나는 머리가 커서야 어머니를 통해 들었다.

제일 작은 솥은 내 몫이었다. 아버지 없이 자라는 게 가여운 어머니의 사랑으로 가장 빛나도록 만들었다. 작은 솥은 나물이나 감자를 볶거나 국을 끓일 때만 썼으니 큰솥에 치여 기는 못 폈으나 고단하지는 않았다.

끼니마다 밥을 담당하던 중간 솥은 늘 고달픈 작은형 몫이었다. 아버지의 갑작스러운 부재로 중학교 진학은 언감생심, 끼니와 살집 마련을 위해 남의 송아지를 데려다 키우고 품을 팔고 나무를 해다 파는데 힘을 보탰다. 못 배운 고통은 평생 이어졌다. 고향을 등졌지만 반길 곳은 목숨을 걸어야 하는 탄광이나 건설 현장뿐이었다. 게다가 신혼 초 단칸방에서 시작해 돌아가실 때까지 어머니를 모셨던 효자지만 이태 전, 야트막한 산에서 고단한 생의 끈을 놓았다.

큰형 곁에는 고등학교 2학년 때까지 아버지가 있었다. 그런 연유로 다른 형제보다 많은 혜택을 받고 자란 셈이다. 큰형 몫의 솥은 가장 컸고 세숫물을 덥히고 두부를 만들거나 엿을 고울 때만 썼다.

고향 집에 새 식구가 들어오자 어머니는 살림에서 손을 놓았다. 삼 년의 세월에 솥은 모두 광채를 잃었고 그것이 싫었던 어머니는 부엌에 발걸음도 안 했다. 큰형이 분가하고 둘째 형마저 군대에 가자 자식이 떠난 상실감에 부엌의 솥을 보고 어머니는 털버덕 주저앉았다. 광채 나던 솥은 오간 데 없고 흉한 몰골로 남았다. 밥을 끓이며 눈물을 흘리던 솥은 한 달여 어머니의 손길로 예전 모습으로 돌아왔다.

헐값에 아버지가 팔아넘긴 집은 온 가족의 고생으로 되찾았다. 온당치 않게 샀으니 돌려주라는 동네 어른의 압력도 컸단다. 하지만 10년도 안 돼 팔아달라는 맏이의 집요한 요청에 어머니는 두 손 들었다. 잘 모시겠다는 큰아들 손에 알뜰살뜰 가꾸던 집 판 돈을 몽땅 넘기고 자식처럼 아끼던 솥마저 버려둔 채 떨어지지 않는 발걸음을 떼셨다. 그런 당신은 닷새 만에 옷 보따리만 들고 눈물을 글썽이며 큰아들 집을 나섰지만 그 이유는 돌아가실 때까지 함구하셨다.

고향 집을 주인이 떠나던 날 삼 형제가 각기 다른 길을 가듯 솥은 평소 갖고 싶어 하던 마을 분이 나눠 가졌단다.

질박한 무쇠솥의 미덕은 포용이다. 품에 안으면 온전히 태어나기를 원한다. 세상의 모든 어머니처럼 제 몸 부서져도 뜨거운 줄 모르고 다독이며 익힌다. 설익거나 타지 않게 도와주다 제힘으로 일어설 수 있겠다 싶으면 뽀얀 눈물을 흘려가며 기척을 한다. 지어야 할 양이 많을 때는 솥뚜껑에 불덩이를 올려 뜸을 들이는 고통도 감내한다.

반세기 전 어머니는 끼니때면 강냉이 쌀 위에 반 줌의 쌀을 한쪽에 넣었다. 그 쌀은 오롯이 막내아들 밥그릇에 들어갔다. 쌀이 귀했던 우리 집은 순 쌀밥을 짓는 날은 연중 서너 번이었고 그때 먹었던 윤기가 나고 고소하며 쫀득거리는 밥맛은 각인돼 있다.

식솔을 위해 밥을 짓는다는 것은 단순 가사가 아니다. 가정을 올곧게 세우려는 염원으로 쌀알을 말랑하게 만드는 거룩한 헌신이다. 처진 어깨로 귀가했던 가족이 다순 아침밥 한 그릇의 밥심으로 힘차게 하루를 시작할 수 있지 않은가. 솥의 종류가 다르면 어떠한가, 어머니를 빼닮은 솥이 제 몸 뜨겁게 달구어 낳은 자식이 밥인 것을.

내민 손 잡은 손

여일하다는 표현이 적절하다. 풍기는 외모 역시 넉넉하다. 적당한 키와 몸집을 지닌 베이비부머 세대이다. 모나지 않은 얼굴에 푸근한 인상만 봐도 속 좋은 사람임을 단박에 알아챈다. 서산 태생이라 비릿한 해산물과 짭조름한 게국지를 좋아한다.

집안 사정으로 일찍 꿈을 접었지만 손재주는 뛰어났다. 전공하지 못한 미술의 한을 풀기 위해 문인화 대가大家에게 사사받고 40년간 오직 한 우물만 팠다. 열정은 시공을 초월했고 배워야 한다는 일념으로 자동차로 서너 시간 달려야 했다. 가장 역할도 해야 했고 꿈도 이뤄야 했기에 얽히고설킨 삶의 끈을 하나씩 성실히 풀어나갔다.

욕심도 있는 데다 성격상 제 신세 달달볶으며 바장대는 나와 다르게 매우 낙천적인 무욕의 사십 년 지기 친구이다. 얼굴을 보면 만사태평 걱정이 없다. 그런 사람이니 자신을 볶을 이유도 없고 가족에게 자신을 뜻을 강요하지도 않았다. 있으면 있는 대로 없으면 없는 대로 형편에 맞게 지분안족하며 험한 세상을 비껴가며 살았다.

문인화에 입문하고 세 번의 강산이 변하자 서서히 두각을 나타냈다. 충청북도미술대전에서 대상을 수상하고 그 세를 얹고 대한민국미술대전 문인화 부문도 특선을 했다. 대여섯 번의 개인전과 초대작가, 충청북도미술대전과 대한민국미술대전 문인화 부문 심사위원으로도 활동하고 있다.

먹고사는 원초적인 일과 작품 활동이라는 이중고를 안고서도 복역 중인 재소자를 위해 재능기부 10년, 문인화 지도 27년 등 37년간 교화위원으로 봉사활동을 이어왔다. 사회와 차단된 재소자수용소를 드나들며 봉사하는 것 또한 누구나 할 수 있는 일은 절대 아니다. 그런 공로로 법무부 장관 표창과 십 년 전, '교정의 날' 국무총리상을 받기도 했다.

문인화를 지도하던 재소자 중에는 살인죄로 복역하는 장기수가 있었다. 혐의만 들어도 온몸에 소름이 돋는다. 순간의 분노 폭발로 일어난 사건이 아니기에 무기 징역형을 선고받았다. 인간에게 선악이 항시 공존한다지만 처음 대면한 이가 살인범이라는 걸 알았을 때 숨이 턱 막힐 정도로 당황했을 것 같다. 겁이 많은 사람이라 쉽사리 입을 떼기도 다가서기도 어려웠을 테고 점차 시간이 흐르고 서로를 알게 되면서 죄는 밉지만 사람은 미워할 수 없었으리라.

그림을 그리겠다며 찾아왔을 때만 해도 그의 눈빛은 세상에 대한 원망으로 이글거리지 않았겠나. 버겁고 기약 없는 장기 복역에 잠시 마음을 내려놓으려고 찾아왔을 수도, 진정 그림을 그리고 싶어 왔을 수도 있다. 그렇다 해도 어떤 날은 끌탕으로 애꿎은 먹만 갈다가 돌아간 적도 있었으리라. 사람을 바꾸는 일이 어디 쉬우랴, 일반인도 아닌 중형의 무기수이기에 서두를 일이 아니라 기울었던 달이 차오르듯 조금씩 이끄는 수밖에.

먹을 찍은 붓으로 그리는 문인화는 고도의 정신집중과 붓 잡은 손에 힘이 들어가야 하는데 오른손에 장애가 있는 그를 보고 얼마나 난감했을까. 정상인도 쉽지 않은 문인화인데 과연 할 수 있겠냐는 의문과 걱정도 태산 같지 않았겠나. 인간의 잠재력은 무한해 뭐든 의지가 강하면 이룰 수 있다지 않은가. 붓만 잡으면 사시나무처럼 떨던 손도 수없이 잡고 긋느라 손가락에 생긴 물집이 터지고 딱지가 앉기를 반복하고야 손에 힘이 들어갔고 눈빛도 점차 가을볕처럼 순해졌을 테다.

옴짝달싹 할 수없는 한정된 공간에서 기약 없는 기다림에 지친 굳어버린 가슴을 녹이려면 먼저 따뜻한 손으로 상대의 손을 잡고 바르게 이끄는 게 교화이지 않은가. 분별하되 분별하지 말라는 부처님 말씀처럼 편견 없이 애정을 듬뿍 쏟으며 성심성의껏 꾸준히 십여 년을 함께했다. 그런 정성에 응답하듯 전국 재소자 교정 작품전에서 수상하고 충청북도 미술대전에서 영예의 대상을 거머쥐었다. 이어 대한민국미술대전에서도 세 번의 입선도 연거푸 차지했다.

혼신을 다해 문인화를 그리는 시간이 가장 행복하다고 말하는 그는 진정한 예술인이지 않은가. 그동안 얼마나 많은 회한으로 복장을 치고 애태웠을까. 남모를 고통을 겪었기에 더욱 그림에 매달렸을 테고 그 덕으로 가슴의 응어리가 풀어지니 그제야 타자가 눈에 들어오고 이해하며 품어 안게 되었다. 이제는 언제일지 모르나 가없는 푸른 하늘과 무량하게 쏟아지는 햇볕을 마냥 즐길 수 있는 날을 고대하며 무시로 붓을 잡으리라.

어려움에 처한 사람이나, 사회에서 격리된 상대에게 먼저 손을 내밀고 다가서기란 여간 어렵지 않다. 하물며 오랫동안 철창 안에서 심신이 굳어버린 그에게 먼저 마음을 내어주고 따뜻하게 감싸기란 용단 없이 불가능하다. 뒤탈을 염려치 않은 용기와 강한 의지, 굳은 신념이 있었기에 무기수의 차디찬 가슴을 녹일 수 있었다. 단기간에 될 리 만무하다. 한 방울 두 방울 떨어뜨린 땀방울이 십여 년간 돌덩이 가슴을 적신 뒤에야 꽃을 피운 셈이다.

출소해 개인전을 열면 내 일처럼 돕겠다며 활짝 웃는 얼굴이 곱다.

어머니의 장醬

감은사지 주차장에 왜소한 할머니 두 분이 앉아있다. 그을린 얼굴에 풋것을 뜯고 다듬느라 손톱 밑은 시퍼렇게 물이 들었다. 올망졸망 바구니에 담긴 것이라야 쑥 달래 머위 원추리가 있고 작은 유리병에는 누런 된장이 담겨있다.

"나물 사 가이소"라는 할머니 말씀을 귓전에 얹고 폐사지를 둘러본다. 역병으로 찾는 발길이 뜸한데도 맥없이 손님을 기다리는 한 할머니가 서른여섯 해 전 이승의 끈을 놓으신 어머니로 겹쳐진다.

오래 길들어진 탓인지 된장을 유독 좋아한다. 그것도 어머니가 담았던 그런 된장이 입에 맞는다. 대가리와 똥을 떼어낸 다시 멸치 대여섯 마리에 어슥어슥한 썬 무, 청양고추, 대파에 된장 한 숟갈을 넣고 뚝배기에서 보글보글 끓여낸 된장찌개는 매끼 먹어도 질리지 않는다. 게다가 상추쌈이나 풋고추도 들척지근한 쌈장보다 담백하며 짭조름한 날된장에 먹어야 제맛이다. 삶은 나물무침에도 된장과 들기름은 최상의 궁합이다.

된장을 구하러 장맛 좋다는 집을 찾아다녔고 때론 여행지에서 맛을 보고 사들였다. 얼핏 보면 어머니를 닮은 할머니께 여쭤봤다. "할머니, 장맛 좀 볼 수 있을까요.", "하이고 먼 소린동 딘장이 딘장이제 무신 맛을 보노" 예상 밖의 대답이다. 하긴 마트도 아니고 맛볼 수 있냐고 여쭤본 게 무리였다. 실은 그냥 사들인 된장으로 두어 번 낭패를 보기도 했다.

머위와 달래가 담긴 까만 비닐봉지를 들고 일어서려니까 할머니는 자글자글한 주름 손으로 병뚜껑을 돌리지만 꿈쩍도 않는다. "우예 이카노 이 따까리 좀 열어 보이소" 받아든 된장 병의 뚜껑을 열자 가느다란 나뭇가지에 콩알만 한 된장을 찍어 내미는데 망설여진다. '맛없으면 어쩌나' 먼저 냄새를 맡아본다. 된장 특유의 냄새가 좋다. 조심스럽게 입에 넣고 맛을 보니 목울대가 뻐근해진다. 감동이다. 영락없는 어머니의 장맛이라 너무 반가웠다. 값도 묻지 않고 두 병 다 달라고 했다.

어머니가 돌아가신 후는 장모님이 된장을 주셨다. 어느 해는 맛있고 어떤 해는 향은 그럴싸한데 떫은맛이 나기도 했다. 장독에서 햇볕도 쬐고 맑은 공기로 숨을 쉬어야 하는데 냉장고에 갇혀서 그럴지도 모른다. 그런데도 장모님은 해마다 된장을 싸주신다. 아내는 내 눈치 보기 바쁘다. 아직 남았는데 다 먹었을 거라 가늠하시고 담아주니 난감하다.

워낙 깔끔하셨던 어머니의 된장 만들기는 콩 타작을 하면서부터 시작되었다. 도리깨질에 사방으로 도망갔던 콩을 모아 키로 까부르며 콩깍지랑 썩은 콩을 골라내고 볕 좋은 날 멍석에 펴서 바짝 말려 골방에 간수하셨다. 동짓달이면 콩을 서너 번 깨끗하게 씻어 불린 콩을 가마솥에 안쳤다.

불을 지피는 땔감부터 달랐다. 평소에는 후루룩 타버리는 강냉이대궁 들깨섶 콩깍지 솔가지 싸리나무를 때지만 메주콩을 삶을 때만큼은 헛간에 쌓아놓고 아까워 손도 못 대던 막내아들의 장작을 아궁이 속으로 가득 밀어 넣으셨다. 솥에 김이 오르고 소댕이 눈물을 흘리노라면 연기가 매워서인지 아니면 가족을 떠난 아버지가 원망스러워서인지 어머니는 앞치마로 눈가를 자주 훔치셨다.

칙칙거리며 김을 내뿜던 솥이 푸르르 끓어 넘치면 타던 장작을 빼내 불 조절을 하며 우리네 삶이 늘 그러하듯 기다림의 변주처럼 서너 시간은 뜸을 들여야 했다. 온 집안에 콩 냄새가 푹 밸 즈음이면 콩들은 딱딱했던 시절의 기억을 온통 하늘로 날려버린 채 푹 무르도록 내려놓아야 했다.

짚으로 만든 틀로 시렁에 매달아 놓으면 쩍쩍 갈라지는 아픔도 혼자 감당해야 했고 틈 속까지 파고드는 곰팡이로 쿰쿰한 냄새를 풍겨가면서도 수도 정진하는 승려처럼 메주는 해탈을 해야 했다. 한여름 도랑가에서 고약한 냄새를 풍기던 감자도 이승의 허물인 양 훌훌 벗어던지고 수많은 헹굼으로 존득거리는 감자떡이 되지 않던가. 메주 역시 뜨거운 불찜질과 누룩곰팡이로 발효를 거치며 밭에서의 기억을 까맣게 잊고 오직 맛있는 장이 되기 위한 일념으로 묵언 정진하는 스님처럼 기나긴 하안거와 동안거를 반복하는 셈이다.

정월이면 어머니는 의식을 치르듯 엄숙하게 장을 담으셨다. 왜 그토록 심혈을 기울였는지 생각해보면 아마도 당신이 가지고 있는 것 곡식 중에서 자식을 위해 유일하게 잘해줄 수 있는 것이 장醬뿐이라 그랬을 것 같다. 우선 잘 뜬 메주를 떼어내 수수 빗자루로 갈라진 틈까지 먼지와 곰팡이를 털어내고 도랑으로 이고 가 짚수세미로 묵은 때를 벗겨냈다. 어머니의 장 담는 풍경이 여느 집과 다른 것은 지나칠 정도로 쏟는 어머니의 정성과 염원이었다.

소금은 2~3년 묵혀 간수를 뺀 천일염이어야 했고 남이 일어나지 않은 신새벽에 대여섯 번의 물을 길어다 담아야 직성이 풀리셨다. 장맛을 좌우하는 것은 깨끗한 물, 간수를 뺀 소금에 따가운 햇볕, 맑은 공기와 서늘한 바람, 담는 시기가 한 몫 하지만 뭐니 뭐니 해도 잘 띄운 메주가 성패를 가늠했다. 결벽증에 가까웠던 어머니는 청결은 기본이요, 얼마나 장에 공을 들였는지 마치 도공이 예술혼을 담아 빚은 도기를 불가마 속에서 구울 때 그러하듯 간절한 염원과 겸손함에 기다림까지 담아서였는지 된장 맛은 동네에서 단연 으뜸이라는 아주머니들의 칭송을 들었다.

천일염이 녹아든 염수에 몸을 던진 메주덩이는 종일 햇볕을 받아들이며 발효와 숙성을 가슴에 새긴 채 본연의 성정을 바꾸느라 고통스러웠을 것이다. 짜디짠 소금물을 속속들이 들이키며 말간 소금물이 까맣게 되도록 띄우고 삭힌 것을 전부 토해내며 아픔까지 곰삭혀야만 했다. 간장을 걸러내고 장독에 꼭꼭 눌려 담긴 건더기는 두어 평 장독대에 위리안치 된 채 하얀 소금 모자를 쓰고 또다시 고단한 수행을 견뎌내면서 잘 익어야만 비로소 어머니의 장醬으로 세상에 얼굴을 내밀었다.

된장찌개 냄새가 콧속을 파고드는데 어쩌자고 아침부터 눈물은 고이는지.

칠漆

얼마나 많은 혼이 깃들었기에 이천 년을 넘어섰을까. 누군가 눈여겨보지 않았다면 그냥 지나쳤을 옻나무, 수많은 고통과 시행착오를 견디며 나무의 영혼을 담아 인간의 손길로 다시 태어난 칠漆이다.

마음의 고향이라서일까. 전통을 이어가는 유튜브 영상이 눈에 들어온다. 색채는 은은하나 가볍지 않고 광택은 있으나 눈부시지 않으며 화려하나 질리지 않는다. 옻의 매력에 푹 빠졌다.

채취 현장을 보러 충북 옥천을 찾았다. 피부에 닿으면 옻이 올라 눈만 빼고 가렸으니 오죽 더울까, 물에 빠졌다 나온 몰골의 40대 칼잡이는 이방인을 반기지 않는다. 내뱉는 말은 가시투성이고 눈총은 따가웠다. 연신 고개를 숙이며 찾아온 연유를 밝혔다. 그제야 생수로 목을 축이더니 잔뜩 세웠던 가시를 눕힌다.

야무지게 움켜잡은 칼이 옻나무 껍질에 V자로 홈을 내자 왈칵 피눈물을 쏟는다. 말간 첫 물에 이어 진득한 액이 흐른다. 한 방울이라도 놓칠세라 전용 주걱으로 알뜰하게 긁어 담는다. 그래 봐야 칼집 하나에 고작 서너 방울이다. 속울음을 삼키는 모습이 가련하다. 십 년 가까이 몸집을 키워야 상흔을 훈장처럼 남길 수 있다. 칠은 종일 채취해야 200~300g을 얻을 수 있단다. 두어 시간 지켜봤지만, 전통을 이어간다는 사명감 없이는 할 수 없을 것 같다.

채취는 유월부터 시월 말까지 하는데 육칠월 많은 비가 내린 후나 장마 뒤 채취하는 것이 가장 좋은 초칠이란다. 팔구월에 나오는 칠은 성칠이며 시월에 채취하면 말칠이다. 한겨울 강물에 옻나무 도막을 세워 물먹인 뒤 가열해 얻는 화칠은 식재료로 쓰인다.

아무리 귀한 생칠도 곧장 쓸 수는 없다. 두어 번 헝겊으로 이물질을 거르는 정제와 수분을 제거하는 교반을 거치면 색은 짙어지고 점성도 높아져 자연이 주는 최상의 도장재로 완성되는 셈이다

우리가 옻을 사용한 시기는 신석기시대이며 접착제로 쓰였다고 한다. 살갗에 닿으면 독이 오르는 옻을 적소에 활용했던 선인先人의 지혜에 고개가 절로 숙어진다. 옻은 방습 방염 방충 부패방지 접착제로 쓰이며, 전통문화용품이나 소반 제기 반닫이와 오동나무 관에도 사용했다. 남원의 실상사 아미타불좌상은 목불木佛이지만 삼베에 옻을 칠하여 붙이고 건조 후 다시 칠하고 겹쳐 붙인 건칠불로 육백 년이 지났지만 잘 보존되고 있다.

고려 시대 제작된 보물 제1975호 나전경함을 현대감각으로 재현하는 영상을 봤다. 목장이 잣나무로 백골을 짜고 칠장이 삼베를 안팎으로 붙

여 말리고 덧칠하는 반복과정을 거쳐 나전장에게 넘기면 조개껍데기를 자르고 갈아 모란넝쿨과 마엽무늬로 장식했다. 이어 황동으로 만든 경첩과 자물쇠, 양쪽에 손잡이를 붙이면 경합은 완성되었다. 안목이 없는 탓인지 진품보다 더 화려하고 아름답다. 찬찬히 톺아보면 어느 누가 멋스러움에 반하지 않겠는가. 가로 42cm,세로20cm,높이23cm의 목침만 한 나전경합을 네 명의 장인이 2년간 혼신의 노력으로 이뤄낸 명작이다. 어느 시대든 명품이나 명작의 칭호를 얻으려면 얼마나 고뇌에 찬 고통이 따라야 했을까.

다른 장인보다 칠장이 오래도록 가슴에 남았다. 손대현 장인은 정제와 교반으로 얻은 칠을 목재 함에 바르기 전에 몇 번이나 정성 들여 붓을 손질했다. 신에게 제를 올리듯 매우 신중한 손길로 한 겹씩 칠을 입히는 과정은 마치 진주조개가 자신의 몸에 들어온 핵에 수천 겹의 물질을 바르고 묻혀서 영롱한 보석을 만들어내는 것과 비슷했다. 그의 간절한 염원에는 열악한 환경에서 생칠을 채취하던 사람과 칠을 정제하고 교반하던 당신의 혼이 오롯이 담겨있었다. 무엇이든 저렇게 공들이면 안 될 일이 없을 거란 생각이 들었다.

옻나무를 가꾸고 칼로 그어 생칠을 얻음은 집필을 위해 끝없이 통찰하며 사유의 뜰을 넓혀가는 것이요, 칠을 정제 교반하여 초칠과 마감으로 광택을 내는 일은 치열하게 쓴 작품을 한 자 한 자 조탁하여 완성하는 수십 번의 퇴고가 아니겠는가. 몇천 년을 넘어서 가없이 도전하는 칠을 보면서 지난날을 돌아본다. 읽고 나면 금방 잊히는 글이 아니라 독자의 뇌리에서 지워지지 않는 몇 편의 작품은 남겨야 하지 않을까. 살아가는 지혜를 옻나무를 통해 한 수 배운다.

나무의 혼이 담긴 한 방울 칠漆의 가공할 내공은 영원을 향한 뚝심인 것을.

손에 대하여

악수하며 잡은 손이 허전했다. 표정을 읽은 그가 웃으며 말했다. " 일하다 손가락 두 개를 잃었어요. 제 손을 잡은 사람은 다들 그러는 걸요." 아무렇지 않다는 듯 담담하게 말했지만 속내를 들킨 것 같아 얼굴이 화끈 달아올랐다.

손바닥이 감지했던 허전함은 이내 사십여 년을 거슬러 형님 농장에서 일하던 열아홉 처녀를 불러내었다. 부지런하고 예쁜 데다 상냥했다. 정도 많아 집에서 만든 음식을 가끔 어머니께 갖다 드렸다. 그 처자가 마음에 든 어머니는 "영자가 둘째 셋째 손가락이 없어 그렇지 살림은 잘할 것 같은데, 한 번 만나 볼래." 하셨다. 모래밭에 물이 스며들 듯 다른 말은 순식간에 사라지고 두 손가락이 없다는 말만 턱 하니 목에 걸렸다.

온갖 일을 하다 보니 수난을 당하는 것도 손이다. 관계의 시작도 손이 나서야 하고 이별의 아쉬움도 흔들며 달래야 한다. 몸이 잘못을 저지르면 우선 고개를 숙여야 하고 그것으로 부족하면 무릎을 꿇고 손을 비벼야 한다. 이는 용서를 구하는 행위이지만 신에게 올리는 간절한 비손이기도 했다.

빤히 보이는 손해도 피하지 않는다. 현존하는 메커트로닉스도 넘볼 수 없다. 눈과는 불공정한 종속관계다. 눈의 지시라면 궂은일도 제 몸 상하는 줄 모르고 따르다 상처를 훈장처럼 매달고 산다. 눈의 꼬드김에 수시로 뒤집는 마음 따라 더러는 보듬고 쓰다듬지만, 이내 밀어내고 뿌리치며 알게 모르게 슬쩍하는 버릇도 있다.

상전인 눈의 협조아래 정교한 손이 이룬 업적이 경이롭다. 로마 시스티나성당의 '천지창조'도 4년 동안 고개를 뒤로 젖힌 채 천장을 채워나간 미켈란젤로의 위대한 손이요, 루브르박물관에 소장된 '모나리자' 역시 레오나르도 다빈치의 손에서 탄생하였다.

작은 신체 부위지만 몸 전체를 평가하는 바로미터 역시 손이다. 뭔가 일하고 만드는 솜씨를 손재주라 하고, 맨손으로 주물러 만든 맛있는 음식은 손맛이요, 일을 깔끔히 매듭지으면 손끝이 맵다고 하며, 그늘진 삶에서 벗어나면 손을 씻었음이요, 하던 일을 멈추거나 그만두면 손을 놓았다고 한다.

고양이 턱수염같이 예민한 손에는 실치잡이 그물코처럼 말초신경이 밀집해 있어 매우 민감하다. 숙달된 달인은 손끝으로 떼는 밀가루 반죽 무게나 초밥의 밥알조차 큰 오차 없이 계량할 정도다. 나 역시 정밀 산업기계를 만들던 시절에는 머리카락의 절반도 안 되는 부품의 두께 차이를 손으로 만져 구분할 정도였다.

몸의 축소판인 손에는 건강을 체크할 수 있는 손톱과 오장육부를 관장하는 혈 자리가 있다. 엄지는 간 검지는 심장 중지는 머리 약지는 폐 새끼손가락은 신장을 관장하고 손바닥 가운데는 위와 연관된 혈이 있어 해당 혈을 손가락으로 누르기만 해도 멀미나 소화불량 가벼운 두통은 완화시킬 수도 있다.

살아있는 권력이 사실과 비위를 멋대로 조작하고 은폐하듯, 삶의 흔적인 얼굴 주름을 성형수술로 왜곡시킬 수 있지만, 사관이 사실에 입각한 세세한 것들을 조선왕조실록에 가감 없이 기록한 것처럼 손은 살아온 내력을 하나도 빼놓지 않고 손등에 상세히 그려놓는다. 그런 까닭에 굵어진 마디나 주름만 봐도 그 사람의 지나온 삶이 보인다.

저 혼자 휭하니 갈 거 같은 세월은 심술궂게도 인간의 얼굴에 지울 수 없는 선을 그어놓고 떠난다. 하지만 젊어지고 싶은 욕구는 그 주름마저도 잡아당겨 젊게 만들지만 손등의 내력만큼은 현대 의술조차 손댈 수 없단다. 기만하지 말라는 엄중한 신의 명령이 아닌가.

두 손가락을 잃어 악수할 때 허전함과 민망함을 안겼던 그분은 영등포에서 철공소를 운영하며 회사에 부품을 공급했다. 심성이 고운 데다 장애를 가지고 있으면서도 매사 긍정적이고 성실하여 점차 공장을 늘려갈 정도로 신뢰받는 사장이었다.

손을 가진 조건은 같다. 다만 통제가 어려운 마음에 무엇을 담느냐에 따라 손은 달라진다. 이순 중반의 나이테가 손등에 선명하게 나타나니 촘촘했던 마음이 헐거워진다. 이제는 뿌리치지 말고 잡아주는 따뜻한 손이 되어야겠다. 살아보니 움켜쥐려고 했던 세월은 고단하기만 했었는데 손을 조금 펴니 살만했다. 그렇게 잡으려 했던 물질의 풍요보다 소소함에서 얻는 행복이 소중함을 일려주는 건 수난으로 이골이 난 두 손인 것을.

범벅

불현듯 그리웠다. 날리는 눈발 탓일지도 모른다. 누르고 살지만 가끔 훅하고 들이닥치는 게 그리움이다. 구실이야 입맛이 동해서라지만 속내가 다르다는 걸 40년 살붙이고 살아온 아내가 모를 리 없다. 그저 군소리 않고 따라나서는 게 고마울 뿐이다.

차림이라야 감자옹심이와 옹심이가 들어간 칼국수, 감자 부침개가 전부이다. 모두 감자가 흔한 고향에서 어머니가 해주시던 소박한 음식이다. 향토음식점 주인은 강원도 태생이거나 그곳에서 오래 살았을 게다. 예전에는 빈 좌석이 없더니 코로나는 이곳도 예외가 아니다. 두 테이블에 두 명씩만 앉아있다. 온기가 있어야 할 실내 공기조차 써늘하다. 깡마른 데다 푸석한 파마머리의 표정 없는 주인 얼굴을 보니 정말 힘들구나 싶었다.

구수하고 진한 국물이 일품인 옹심이를 주문했더니 맛이나 보라며 작은 접시에 강냉이 범벅을 내놓았다. 이 얼마 만인가. 횡재한 기분이다. 적은 양이라 젓가락으로 몇 개 집어 눈을 감고 찬찬히 씹으며 맛을 음미했다. 식감은 쫀득하고 맛은 달곰하다. 적당히 무른 밤콩과 찰기 있는 찰강냉이가 잘 어우러졌다. 뻐근해오는 목울대, 고개를 숙이면 곧바로 쏟아질 것 같아 뿌연 하늘을 한참 바라보다 접시를 보니 아내는 숟가락으로 바닥을 긁는다.

걸쭉하면서도 들깨가 들어가 구수한 감자옹심이를 앞에 두고도 몇 개의 알갱이로 겨우 입맛만 다셨지만 맛을 또렷이 기억하는 가슴은 반세기를 훌쩍 뛰어넘어 쫀득하고 달달해 구미가 당기던 어머니의 범벅 속으로 나를 데려다 놓았다.

유년 시절, 워낙 나이 차가 많은 피붙이의 외면으로 어디든 어머니의 치맛자락만 붙잡고 따라다녔다. 오랫동안 부엌에서 음식 만드는 모습을 봐서인지 웬만한 것은 곧잘 하는 터라 겨울이면 별미로 만들어주던 강냉이 범벅에 도전하기로 했다.

음식 재료는 강원도 고향에서 주문했다. 왠지 그래야만 할 것 같았다. 재료라야 껍질을 벗긴 찰강냉이 알과 밤콩뿐이다. 강냉이 알은 삶으면 쉽게 말랑해졌지만 밤콩은 뜨거운 불 맛을 보면서도 단단한 몸뚱이를 쉬이 누그러뜨리지 않았다. 나중에 알게 된 사실이지만 미리 불렸어야 했다.

처음부터 큰 기대는 않았지만, 물이 졸아들면 붓고 또 붓고 서너 번을 더 부으며 만든 범벅은 실패작이었다. 때깔도 맛도 어머니 범벅과는 거리가 멀었다. 사실 뭐든 눈으로 보면 따라 할 수 있을 것 같지만 막상 해

보면 생각대로 안 되는 게 세상사가 아니던가. 모양이 그럴듯하면 짜거나 너무 달았고 간과 단맛을 맞추다 보면 강낭이 알이 다 풀어져 곤죽이 되었다. 세 번의 실패 끝에야 밤콩이 너무 무르지도 않고 강냉이 알이 말랑하면서도 쫀득하고 걸쭉한 농도의 색깔도 맛도 어머니의 범벅을 흉내 낼 수 있었다.

범벅을 쑤다 보니 어쩌면 부부의 삶과 같다는 생각이 들었다. 콩깍지가 씌었으니 망정이지 살아보면 어디 좋기만 할까. 전혀 다른 환경에서 태어나고 성장했기에 정작 자신은 모르거나 알면서도 고치지 못하는 단점과 아집도 있게 마련이다. 그런 모서리는 살면서 부닥치며 떨어져야 원만해지거늘 채 그런 과정도 견디지 못하고 등 돌리는 부부도 많지 않은가.

과연 나는 무엇이었을까, 돌아보니 영락없이 돌같이 딱딱한 밤콩이었다. 남보다 일찍 햇볕과 비바람을 견뎌내며 단단하게 공글러서일까, 쉽게 물러지지도 않고 자리도 내주지 않았으며 품는 노력조차 않았던 젊은 날의 나였다. 아내가 품으려 들면 간섭이고 집착이라며 미꾸라지처럼 빠져나갔다. 아둔하게도 피가 뜨겁던 시절에는 다들 그렇게 사는 줄 알았다.

반면, 꾀도 요령도 부리지 못하는 아내는 은행직원, 어미, 아내라는 1인 3역을 하면서도 오직 가족을 위해 자신을 녹여가며 모질고 단단한 밤콩 같은 남편을 가슴으로 품었던 찰강냉이였다. "오래 묵고 많이 참는 단련과정을 거처야 그윽한 사랑을 할 수 있다던가."

뾰족한 모서리를 갈아내느라 아웅다웅하며 살아온 사십 년이 얼굴에 그냥 금만 긋고 떠나간 건 아니었다. 인생이란 큰 바다에 부부라는 배 띄워놓고 가야 한다면 서로 이해 못 할 것도 참지 못할 것도 없다는 걸 알게까지 이만큼 살아온 세월이 필요했다.

잘 쑤어진 범벅 같은 부부가 되려면 지녔던 아집, 고질병 같은 습관, 부질없는 욕심, 서 푼어치도 안 되는 자존심까지 내팽개칠 일이다. 게다가 나긋나긋한 심성을 위해 뜨거운 불 맛을 보며 푹 삶기는 단련을 통해 몸을 녹여 서로 품어 안으면 그만이다.

고통 없이 얻을 수 있는 건 아무것도 없다는 이치를 다시 새긴다.

운문사의 노송

늘어선 노송군락이 방문객을 압도한다. 천년 고찰을 수호하느라 저마다 가슴팍에 상흔을 새기고 있다. 긴 세월 강인한 생명력으로 뿌리내리고 줄지어 서 있는 노거수는 오백 나한의 모습이다.

일주문 대신 들머리에 도열한 소나무는 하나같이 일제의 만행을 간직하고 있다. 수령 일백 년을 훌쩍 넘어섰을 노송, 제 몸을 톱으로 유린당할 때 얼마나 고통스러웠을까, 도리 없이 진을 뽑아야 했던 민초의 가슴도 쓰렸으리라.

청도 운문사를 찾아가는 길이다. 정갈한 비구니 도량에는 보존하는 보물도 많지만 꼭 찾아보고 싶은 것은 천연기념물로 지정된 처진소나무이다. 우리나라 소나무 중 세 번째로 지정됐으니 그럴만한 이유가 있으리라.

매년 음력 삼월삼짇날이면 비구니 스님들은 오백 년을 살아낸 노송에 막걸리 열두 말을 물에 희석하여 공양한단다. 그래서일까, 어쩌면 저리 수세가 좋은지 나무의 위용에 숨이 턱 막힌다. 솔잎에 윤기가 자르르 흐른다. 건드리기만 해도 푸른 물이 배어 나오고 진한 향이 풍길 것 같다.

운문사는 신라 진흥왕에 창건하였고 중건한 만세루 옆에 자리하고 있다. 3m의 밑동에 수폭은 20m의 반원형이며 가지가 자라면서 밑으로 향해 처진소나무로 판명되었고 마치 큰 우산을 펼쳐놓은 것 같아 기이하고 아름다웠다.

일천오백 년 운문사와 소나무를 비교하면 창건 당시에 있던 나무는 아니다. 그렇다면 희귀한 나무를 어디서 구해 어떤 의미로 심었는지 궁금했다. 통상 소나무는 기개와 절조, 풍류, 안일과 탈속을 상징하는데 그런 연유일까.

임진왜란 때 일부 당우가 소실되는 것도 지켜봤던 소나무이기에 운문사의 산증인이지 않은가. 살아온 나이만큼이나 짊어진 무게도 만만치 않은가보다. 오죽하면 마흔 개가 넘는 지주대가 떠받치고 있으니 말이다. 나무의 안을 들여다보니 용이 승천하듯 뒤틀리며 기운차게 뻗어간 나뭇가지에 탄성이 나온다.

속리산 정이품송을 시작으로 천연기념물 소나무를 찾아 전국을 다닌 적이 있다. 가는 곳마다 다른 생육환경으로 나무의 특징이 있었지만 처진소나무는 달랐다. 비구니 스님들의 특별한 사랑을 받아서인지 수형이 매우 빼어났다. 가지가 뻗을수록 아래로 향하는 것은 부처님을 향한 끝없는 하심이 아니던가. 어찌 보면 도량을 지켜주는 수호신이자 무시로 흔들리는 학인 스님을 도닥이며 자비를 베푸는 관음보살일 거라는 생각도 들었다.

목탁 소리 염불 소리를 자양분 삼아 뿌리를 깊숙이 내리고 저만큼 수세樹勢를 펼친 노송이라 견뎌낸 세월만큼 삭여야 할 아픔도 많았을 테고 품어야 할 대상도 넓고 깊었지 않았겠나. 절집의 역사와 산문을 드나든 불자의 기원 하나하나도 거북 등 같은 표피에 모두 새겼지 싶다. 가히 혈기 왕성한 소나무는 절대 갖출 수 없는 덕목을 겸비했음이다.

처진소나무를 통해 나를 돌아본다. 혈기 왕성하던 시절에는 마냥 젊음이 이어질 것으로 여겼기에 시기하고 탓하며 욕심을 채우느라 달달 볶았다. 가지를 펼치기는커녕 하늘바라기에 키 재기만 했다. 그때는 그게 최선이라 여겼으니 옆을 볼 여유조차 없어 품고 보듬어야 할 피붙이며 주변도 돌보지 않은 것 같아 안타깝기만 하다.

이만큼 살아보니 알겠다. 세상에 변하지 않는 게 없다는 사실과 그리 흔들어대던 근본도 마음임을 알았다. 꿈이라 부르며 이루려 전전긍긍했던 것도 부질없음이요, 인생이 스치는 바람이라는 것도 터득했다. 피가 뜨거울 때는 높이 멀리 볼 수는 있었으나 교만함이 따랐고 내려다보지 않았기에 타자에 대한 이해 부족으로 사려 깊지 못해 베풀지도 않았다.

고적한 절집에 북풍이 스친다. 만고풍상을 겪으며 수백 년을 붙박이로 살아왔음을 증명하듯 육중한 몸은 묵언 수행 중인 데 가지 끄트머리만 파르르 떤다. 법당을 더듬은 바람결에 향내와 솔향이 가득하다. 가슴이 탁 트인다. 찌든 마음이 청정해지는 기분이다. 이미 해탈의 경지에 들어선 노송을 한동안 바라보자니 절로 고개가 숙여지고 두 손이 모아진다.

모루

평생 맞으며 살아야 할 팔자다. 맞은 만큼 맷집도 늘었다. 귀는 막고 눈은 감았다. 앙다문 입에서는 간간이 신음만 흘릴 뿐이다. 자리를 옮길 수도 피할 수도 없는 운명이라 무시로 내리치는 메질을 받아내지만 세상을 탓하거나 원망하지는 않는다. 불현듯, 그런 모루가 보고 싶었다.

"땅~땅~땅" 경쾌한 망치 소리에 업혀 온 불내가 대장간이 목전임을 일러준다. 부러 찾기 전에는 보기 어려운 곳이다. 풀무질에 달아오른 화덕이 불똥을 튕기며 맑은 빛을 발하고 있다.

단단한 쇳덩이도 금방 뽑아낸 절편처럼 나긋나긋하게 만들어주는 화덕이 한 삽의 조개탄을 집어삼키고 거센 불길을 내뿜는다. 이마에 질끈 수건을 동여맨 대장장이는 벌겋게 달아오른 쇠를 잡으면 절로 팔뚝에 힘이 들어가는가 보다.

일부분 메질과 풀무질은 기계가 하지만 구상한 물건이 나오려면 아직도 손이 많이 가는 건 여전하다. 불과 쇠를 다루는 극한 직업이라 데이고 다치는 건 개의치 않는 대장장이다. 화덕만큼이나 뜨거워진 열정으로 달구어진 쇳덩이를 모루 위에 놓고 망치질을 한다. 말랑한 사람 마음에 자신의 뜻을 심기도 어려운데 단단한 쇠에 마음을 심어주는 작업은 아주 지난한 일일 거라는 생각이 든다.

힘껏 내리는 망치질에 달구어진 쇳덩이는 불꽃을 튕기며 비늘 같은 허물을 훌훌 벗어 던진다. 이전의 생을 잊고 대장장이의 혼을 새기겠다는 몸부림이다. 타는 듯한 열기를 몸으로 맞고 메케한 연기를 빨아들이면서 망치질은 둔재 같은 모루 위에서 끊이질 않는다. 타자의 시선으로 보면 손쉬운 것 같지만 눈물과 땀이 절묘하게 혼합된 망치질이기에 의도에 따라 그 모습을 드러내곤 한다.

불빛만 보고도 쇳덩이 온도를 아는 대장장이가 염두에 두는 것은 불을 피우고 달궈주는 풀무와 화덕이며 연장인 집게와 망치다. 늘 한자리에 붙박여 메질과 망치질을 당하며 늘려주고 구부려주며 뚫어주고 잘라주며 말아주는 덩치 큰 모루를 고맙게 여기지는 않는다.

고대에는 기술이 존재했지만, 현재는 그 기술을 복원할 수 없다는 로스트 테크놀러지의 하나로 분류되는 명검 다마스커스 칼을 비슷하게 재현하는 연산 대장간도 군말 없이 메질을 당하는 모루가 없다면 만들지 못했을 것이다.

자주 손질을 하는 화덕에 비해 모루는 나무토막에 발목을 단단히 잡힌 채 쇳덩이가 벗어던진 먼지만 뒤집어쓰고 산다. 대장장이의 손을 통해 만들어진 상품의 공도 당연히 화덕과 망치에 빼앗긴다. 그래도 늘 빙

긋이 웃는다. 그런 모루는 혹독한 가난에 홀로 맞서 모든 고통을 겪으며 안으로 안으로만 설움을 삭이던 순박한 내 형 같다는 생각을 했다.

가산을 처분한 아버지가 가족을 떠날 때 6학년이던 형의 상급학교진학은 언감생심이었다. 그렇게 뼈를 키운 불운한 형이 맨손으로 시작한 신혼은 온통 가시밭길이었다. 피할 수 없는 운명을 몸으로 맞아야 했던 모루같이 덩치 크고 순해 터졌던 형은 목숨 걸고 수시로 무너지는 탄광의 막장을 드나들었고 주물공장에서 벌겋게 달아오른 가마솥 안의 주물사를 파냈으며 식솔 입에 밥을 넣어주기 위해 막노동판을 전전했다. 집 없는 설움이 뼈저리던 당신에게 집을 제공한다는 말에 묘목농장에서 십여 년간 온 가족을 볼모로 밤낮없이 농장주의 만행을 받아주던 형을 떠올리면 나는 항상 가슴이 아리고 슬펐다.

사 남매의 아버지로 어머니와 동생까지 부양하며 당신은 몸을 혹사하며 아낌없이 주었다. 무엇을 바라지도 않았다. 홀로 자식 키우느라 강해진 어머니와 까칠한 동생의 메질과 수시로 내리치던 넷이나 되는 자식의 망치질도 군말 없이 받아들였다. 아프다 힘들다는 말한 번 못하고 메질을 당하던 모루 같은 당신을 열한 살 터울의 동생은 형은 늘 맞고 살아야 할 운명인 줄 알았다. 당신의 희생으로 등 따시게 밥술이라도 떠 넣고 살면서도 제대로 챙기지 못했다. 당신이 떠나고 돌아보니 내게 서운할 만도 한데 늘 고맙다 했다. 아버지 없이 잘 자랐고, 제 가정 꾸리며 두 권의 수필집을 엮어낸 것만도 자랑스럽다 했다.

메질도 망치질도 늘그막에는 그리 싫었는지 뻐꾸기 소리 유난히 구슬프던 날, 당신은 이태 동안 일상으로 찾던 야트막한 산자락에 숨어 나

좀 찾아보라 했다. 휴대폰만 켜있으면 금방 찾을 거라던 수많은 술래인 경찰기동대, 119구조대, 가족이 눈을 부릅뜨고 찾아도 꼭꼭 숨었던 당신을 7시간 만에 찾았으나 이미 모루같이 고달팠던 일흔다섯 이승의 끈을 놓은 지 한참 뒤였다. 혹여, 자식에게 긴병으로 부담 줄까 무섭다던 생전의 강한 의지를 심정지라는 사인으로 남긴 채.

등燈

달포 전 하지가 지났는데 해가 많이 짧아졌다. 같은 시간에 집을 나서지만 가로등 없는 산길이라 등 없이 걷기 힘든 어둑새벽이다. 산으로 접어드는 길목에서 손전등을 꺼내 스위치를 눌렀다. 하지만 이게 웬일, 겨우 반딧불이 정도의 불빛만 새 나온다. 오늘따라 휴대폰조차 챙기지 않았으니 후회막급이다. 산길은 요철이 심해 어림짐작으로 다니기 어렵고 산짐승도 있어 등이 절실한데 낭패다.

신경을 곤두세우고 등산로를 더듬거린다. 마치 두꺼운 천으로 눈을 싸매고 장애체험을 하는 것 같다. 지나가는 사람조차 없다. 그제야 무섭지도 않으냐며 이른 시간에 가지 말라던 아내의 말이 뇌리를 스친다. 발에 밟히며 부서지는 삭정이가 여느 때보다 더 요란하게 소리를 지른다.

덥기도 했지만 긴장한 등골에는 물이 줄줄 흘러내린다. 진즉 건전지를 바꾸고 손전등을 점검했어야 했다. 안전 불감증으로 수많은 인명피

해를 현장을 보면서 탓만 했는데 그게 바로 나였다.

매일 새벽 야트막한 산을 찾은 지 두 해가 넘었다. 새해 첫날 해돋이로 찾은 게 인연이 되어 눈만 뜨면 집을 나선다. 때론 네 시 이전에 집을 나서며 잠 없는 탓을 하기도 한다.

원인原人이라 불리던 호모에렉투스가 처음 불을 발견하고 점차 음식을 익혀 먹고 동물을 쫓아냈다고 한다. 불의 발견은 인류문화에 커다란 변화를 가져왔으며 지금도 지속적으로 발전해가고 있다. 그런 맥락으로 보면 빛을 내는 등의 시원은 불이다.

아득한 기억 속의 등은 호롱불이었다. 됫병에 든 석유를 등잔에 가득 부으면 며칠 갔지만 아무리 조심해도 석유병을 만지면 한동안 손에서 냄새가 폴폴 날아다녔다. 호롱불 밑에서 공부해본 사람은 다 안다. 어둡다고 심지를 돋워보면 영락없이 콧구멍이 굴뚝이 되는 것을.

호롱불을 밀어내고 남폿불이 등장했다. 웬만한 바람에도 끄떡없던 밝은 남폿불은 늦은 귀가의 마중에도 동원되곤 했다. 5학년 초에 마을에 전깃불이 들어왔다. 강으로 흘러가는 봇도랑을 이용해 물레방아로 전기를 만들자 30여 호의 안방에는 13촉짜리 전구가 매달렸다. 껌뻑거리긴 했지만 호롱불 남포에 비할 바가 아니었다.

얼마 전 아내가 집 등을 모두 갈자고 한다. 친구 집은 LED등으로 교체해 대낮처럼 밝았다며 그리하잔다. 밝으면 마냥 좋기만 할까. 적당한 밝기가 좋지 않은가. 침실이라면 사물을 구분할 수 있을 정도의 빛이면 된다. 우리 집 앞에 있는 편의점 간판이 너무 밝아 수면 방해를 하는 것도 과한 조도 탓이다.

새벽 산을 오르다 보면 강한 불빛으로 잠시 앞이 보이지 않는 불편을 겪는다. 여든을 훌쩍 넘긴 등 굽은 할머니가 짐승이 무섭다며 서치라이트 기능이 있는 고가의 등을 아래위로 흔들며 다닌다. 당신이야 밝아 좋지만 상대는 매우 불편하다. 인기척을 느끼면 등을 내려주면 좋으련만 그대로 지나간다. "갑시다." 로 통하며 가살 떠는 젊은 여자도 매한가지다. 어두워도 등 없이 다니던 그녀는 지나치는 불빛이 눈부시다며 손 갓을 하더니 정작 본인은 상대 얼굴에 강력한 등을 비추며 지나간다. 눈앞이 캄캄하다.

등의 본질은 오롯이 빛을 발하는 데 있다. 어둠 속에서 희망의 빛으로 존재와 위치를 알리며 휘황찬란한 불빛으로 흔들리는 마음을 유혹하기도 한다. 그런 측면에서 보면 개개인도 하나의 작은 등이라는 생각이 든다. 약간은 흐린듯하지만 자신의 역할을 잘하는 사람이 있고, 여력은 모자라면서도 필요 이상으로 밝은 빛으로 타자의 눈을 어지럽히는 사람도 있다.

나는 과연 어떤 등일까. 온전히 가족만을 비춰주는 것만도 부족한데 사람 좋다는 얘기를 듣느라 옛날 여관방의 벽 한가운데를 뚫어 매달았던 형광등처럼 방 양쪽을 비추는 호기를 부렸고, 앞서는 사람 뒤따르는 이를 위해 등을 비춰주곤 했다. 그러다 보니 정작 가족은 험한 길을 따라오느라 허방을 짚으며 고통스러워했다는 걸 미처 몰랐었다.

어둠이 깊고 짙을수록 등은 더 밝게 빛나기 마련이다. 아직 가야 할 길은 멀고 등을 켜야 할 시간도 길게 느껴진다. 내게 남은 빛이 얼마인지는 모르기에 흐려지는 등을 아껴가며 걷는다. 이제는 내가 비춰야 할 사람도 없고 나를 따라오는 이도 없다. 겨우 내 앞을 분간할 정도의 은은한 빛이면 그걸로 족하다.

2부

구리거울

옴살

그녀의 치맛자락은 언제나 갯내를 몰고 다녔다. 가을걷이가 끝나면 오일장을 다녀가듯 우리 동네를 찾았다. 낡은 주황색 스웨터는 고단함을 대변하듯 땟국으로 반질반질했고 고샅을 휩쓸고 다니는 치마와 고무신은 늘 까맸다.

저녁연기가 오를 무렵, "성~님" 하면서 싸리비 자국이 선명한 마당에 발자국을 꾹꾹 찍으며 생선을 이고 들어섰다. 친정 동생처럼 어머니는 반겼지만, 나는 눈살을 찌푸렸다. 당신은 얼른 갈아입을 옷 한 벌을 그녀에게 내주었다. 냄새는 옷에서만 나는 게 아니었다. 비누로 몇 번을 씻어도 손만 움직이면 비린내가 나비처럼 폴폴 날아다녔다.

천명에 들어선 어머니보다 서너 살 아래지만 커다란 키에 이목구비가 또렷하고 붙임성도 좋았다. 장소 불문하고 넉살 좋은 그녀가 쏟아내는 우스개는 삐져서 입 내민 사람조차 배 잡게 만들었다. 허풍이야 양념으로 솔솔 치지만 금기가 있었다. 낭보는 이 동네 저 동네 못자리판에 볍씨 뿌리듯 하지만 남의 흉은 절대 보지 않았다.

처음부터 어머니가 옆을 내주지는 않았다. 수없이 드나들며 풀어놓던 가슴 아픈 사연으로 철옹성 같은 마음에 틈이 생겼고 측은지심이 들고서야 성격도 차림새도 털털한 그에게 당신 곁을 내주셨다.

장터가 있는 주천에 집이 있지만 해 짧은 겨울이면 한 달에 서너 번은 우리 집에서 묵었다. 술만 마시면 패악을 일삼다 코흘리개 형제와 시모를 남기고 저승길로 떠난 남편을 원망할 새도 없이 생선을 잡아야 했다. 동네 사람들은 그녀를 새우젓 장사라 불렀다.

재 넘고 강 건너 집을 찾는 것도 힘들지만 생선과 바꾼 곡식이 골 빠지게 했다. 쌀은 언감생심, 십중팔구 콩팥이지만 싼 강냉이를 내놓는 집도 많아 처음에 이고 나섰던 생선보다 곡식이 곱절은 무거웠다. 전쟁의 포성이 멈춘 지 3년, 가장이 있어도 살기 힘든 시기에 홀어미의 애옥살이가 힘들고 고달프긴 그녀나 내 어머니나 매한가지였다.

마흔 하나에 둔 초등학생 아들과 사는 우리 집에 그녀가 묵는 날은 야경꾼의 방망이 소리가 몇 차례 들릴 때까지 이야기는 이어졌고 문풍지 소리에 놀란 호롱불만 저 혼자 간당거리며 춤을 추었다.

가족을 두고 집까지 팔아 떠나간 아버지와 술주정뱅이 아내로 견뎌낸 애환이 쌓인 만큼 나눌 이야기도 많았다. 꼭꼭 쟁였다 풀어 놓는 보따리라 그칠 줄을 몰랐다. 대부분 소곤대다 웃곤 했지만, 호롱불마저 꺼버린 어떤 날은 누군가의 등을 도닥이는 소리와 훌쩍이는 소리도 들어야 했다.

두 분의 오랜 외로움의 본질은 밉지만 그립다는 것이다. 겉으로는 태연했지만 그녀의 돌아올 수 없는 가장과 돌배기 늦둥이와 당신을 버리고 떠났지만 돌아올 수도 있는 가장을 기다리며 견뎌낸 내공으로 서로를 보듬을 수 있었다.

그녀가 우리 집에 묵는 횟수가 늘어날수록 고맙게 느껴지고 방문이 기다려지는 건 눈깔사탕 몇 개와 대가리가 없거나 창자를 꾸역꾸역 내민 생선 한두 마리를 얻음이 아니라 고단한 몸으로 밤늦도록 이야기를 나눈 두 분의 밝은 낯빛 때문이었다.

반세기가 훌쩍 지나 돌아보니 경위 바르고 정갈한 어머니가 비린내 풍기고 땟국이 흐르는 그녀를 피붙이처럼 아끼고 반기던 이유를 알 것 같다. 같은 홀어미로 가장에게 받은 치유하기 힘든 깊은 상처가 두 사람을 잇는 끈이 되었다. 한솥밥 먹고 한 이불속에서 잤다. 잠자리에서 나눴던 수많은 이야기는 상처 치유의 강한 처방이었다.

켜켜이 쌓였던 상처를 하나 숨김없이 모두 토해냈다. 막혔던 길이 뚫렸다. 통한 마음으로 도닥이고 정 나누며 보낸 세월이 홀어미로 험한 세상 살아갈 힘을 얻는 원천이 된 셈이었다.

사람에게 받은 상처는 사람을 통해 치유해야만 했다. 가장 때문에 무너져 내린 가슴이라 더 그랬다. 어머니에게 그녀만큼, 그녀에게 어머니만큼 가까운 사람도, 오랫동안 속정을 주고받은 사람도 없었다. 끈끈하고 도타웠고 서로 입안의 혀처럼 지냈기에 동네 아낙들 모두 부러워했던 옴살이었다.

어떻게 되찾은 집인데 무슨 일 있어도 팔면 안 된다고 애원하던 그녀와 빚더미에 올라앉은 자식 때문에 집을 팔아버린 어머니가 함께한 마지막 밤, 두 분은 가장 슬프고 애끊는 밤을 보내야 했었다.

고향을 떠나는 날, 안방 문은 해가 중천에 걸리도록 열리지를 않았다.

*옴살 : 매우 친밀하고 가까운 사이

환속還俗

가보지 않은 길에 대한 동경이었을까, 참 나를 찾고 깨달음을 얻는 해탈의 길이 아득해서였나. 나를 찾고 내려놓기를 수십 년 그래도 내려놓지 못하고 끊어내지 않은 욕망이 남았나 보다.

진위를 알 수 없는 괴소문이 돌았다. 그럴 리 없다며 도리질했으나 파문은 더욱 거세졌다. 믿기지 않았던 풍문은 머지않아 사실로 입증되었다. 당시 불교대학에서 공부하던 초심 불자에게 스님의 일탈은 충격이었고 혼란스러웠다. 그래선 안 된다고 믿었기에 이해하기 어려웠고 그런 시선으로 보면 삼십여 년 쌓은 공든 탑이 무너진 셈이다.

부처님께 귀의한다는 초발심으로 욕망의 상징 무명초를 삭발하고 속세의 인연을 끊으며 고독한 길을 택하지 않았던가, 강원에서 사 년간 경전 공부와 수행으로 계를 받았다. 무시로 악착같이 달라붙는 번뇌를 끊어내려 매년, 동안거와 하안거에 들었고 승려 생활 대부분을 선원禪院에서 참선을 했다.

강의 시간에 무심無心이 무엇이냐는 질문에 "분별은 하되 분별하지 않는 것이라 했다" 대중에게 무심의 본질은 참으로 난해했고 실행은 언감생심이다. 스님과의 인연은 2년간 다녔던 불교대학이다. 기초불교 교리를 배우면 글쓰기에 도움이 될 거라 믿었고 산행 시 더러 마주치는 절집에서 예를 갖추면 좋겠다는 생각에서다.

모든 게 낯설었던 관음전 앞에서 고개를 숙인 채 합장하고 웃으며 학생을 맞이하던 스님의 첫인상은 자애롭고 인자했다. 세수로 이순을 바라보던 학장 스님의 과목은 어려운 기초불교 교리였지만 강의는 재미있고 귀에 쏙쏙 들어왔다. 고등학생 자녀를 둔 학부모가 갈망하는 S 대학교 철학과 출신이었고 참선 수행도량에서 25년간 정진한 스님 강의에는 철학과 문학 경전이 두루 녹아있었다. 그런 내공으로 초보자도 쉽게 알아들을 수 있도록 해석하여 들려주었기에 학생들에게 인기가 높았다.

강의가 있는 날은 큰 법당이 청강생으로 가득 차기도 했다. 매년 불교대학이 단양의 한 사찰에서 실시하는 하계수련회의 백미는 고단했던 1,080배였다. 사위는 어둠에 덮여 법당을 밝힌 불빛만 유일했고 무슨 사연인지 소쩍새는 밤새 울어대는데 '착'하는 스님의 죽비소리에 맞춰 석가모니불을 암송하며 절을 하고 또 했다. 스님 바로 뒤에 있던 터라 땀에 젖은 장삼에 요가를 하듯 납작 몸을 낮춘 오체투지의 정수를 보여주는 모습을 내내 지켜봤다.

천지 만물을 깨우는 쇠북이 인시寅時에 울면 도량석으로 하루를 시작하는 스님들이다. 놓아라, 내려 놓아라를 되뇌며 참 나를 찾고 깨달음을 얻으려 수도 없이 발원했을 테다. 스님은 어느 날 "중은 독합니다. 독하지 않으면 절대 못 합니다."라 했다. 왜 아니 그럴까, 속세와 인연을 끊은 데다 비구승이 지켜야 할 250개 비구계는 가혹했고 탐. 진. 치는 끝없이 달라붙기에 부처님의 가르침을 따르려면 인고의 세월을 견뎌야 하지 않던가.

반야의 지혜는 무엇이고 진정한 수행자의 삶이란 무엇일까, 그 깊은 의미를 범인凡人이 알기란 어렵다. 불자와 수행자가 지켜야 한다는 부처님의 간결한 5계조차 따르기가 쉽지 않다. 계율을 지키는 게 곧 수행이요 깨달음을 얻어 견성성불의 길이라 무시로 내려놓고 비웠지만, 탐욕과 어리석음이 신심을 흔들었다.

어쩌면 스님은 오래전부터 환속을 꿈꾸었는지 모른다. 아무 지원 없는 불교종단에서의 노후가 불안했을 수도 있다. 그런 연유인지 스님은 웃으며 "지금이라도 모든 걸 바쳐 사랑할 사람이 나타나면 승복을 벗겠다."라고 했다. 학생들은 변화가 없는 절집 생활이 그만큼 고독하고 재미없다는 사실을 토로하는 애교 섞인 넋두리로 알아들었다.

아무리 다스려도 본능에 따르려는 마음이 문제였다. 재가불자와 부대낌이 없는 선원에서 오랫동안 수행한 탓일까, 일거수일투족이 모두 노출되는 수행자에게 젊은 보살이 눈에 들어왔다. 그 여인은 부처님 오신 날 연등 행진에 마야부인 역할을 할 정도로 예뻤다. 생글거리며 웃는 모습이 치명적 매력이라 금단의 승려를 뒤흔들었다, 철통같은 방어벽을 무너뜨린 셈이다. 자신에게 한없이 너그럽고 타자에게는 엄한 잣대를 들이대는 대중의 모순이 이번에도 통했다.

맺기 어려운 인연이 스치는 눈빛으로 불이 붙었다. 이들은 검불처럼 불타오르다 금방 사위는 불은 아니었다. 서로 의지하고 보듬으며 행복을 가꾸며 살고 싶은 간절함이었다. 보살의 고민도 깊었을 것이다. 이미 한 번의 아픔을 경험한 데다 열댓 살 나이 차에 당장 해결해야 할 의식주가 걸렸다. 스님 역시 삼십여 년의 수행에도 깨달음과 해탈은 가뭇없고 불안한 노승의 미래와 되풀이되는 절집 생활에서 사람이 그리웠기에 대중의 뭇매를 각오하며 장고長考 끝에 승복을 벗었다.

만일 내가 스님이었다면 어떻게 했을까, 출가한 지 삼십여 년에 얻은 것은 과연 무엇이고 잃은 것은 무엇인지 심도 있게 들여다봤을 것이다. 여태 정진했어도 얻지 못한 걸 조금 더한다고 과연 달라질까. 이런 고뇌의 성찰이 따랐다면 나 역시 환속하고 여태 살아보지 못한 아내와 더불어 사는 소박한 보통 사람의 삶을 택했을 것 같다.

나이가 들수록 외롭지 않게 함께할 사람이 있고, 아프고 힘들 때 도움받고 기댈 사람이 필요하지 않을까, 이미 아픔을 겪은 사람이나 출가자도 행복을 추구하고 누릴 권리는 있다. 멀리 돌아왔지만 되돌아간다 해도 행복을 위해서라면 해 볼 만하지 않을까. 틀에 옭아맨 것도 자신이요, 그 틀을 벗어나는 것도 자신만이 할 수 있지 않은가. 단 한 번 사는 인생인데 지나치게 타자를 의식할 필요는 없다. 단단한 껍데기를 깨고 기왕 세상 밖으로 나왔으니 알콩달콩 잘살았으면 좋겠는데 자꾸만 마음이 쓰인다.

겨우내 흔들리던 나뭇잎 두 개 봄바람에 실려 날아간다.

구리거울

더 내려갈 곳 없는 바닥이었다. 보이지도 들리지도 않았던. 뭔가 해야겠다는 생각은 들었지만 움직일 수가 없었다. 머릿속은 온통 '왜'라는 의문만 가득했고 흔들리는 정체성으로 방황했었다. 산다는 게 정말 힘겨웠고 입안으로 떠 넣는 밥조차 버거웠었다.

혈기 넘치던 시기, 어디서든 열심히 하면 인정받을 거라던 내 생각이 틀렸다는 걸 느꼈다. 늘 성실하다는 말은 들었지만 대가는 미흡했다. 매년 승진대상자로 추천되었지만 몇 해 고배를 마셨다. 후배조차 앞서자 내게 문제가 있다는 걸 알았다. 하지만 나를 볼 수 없으니 문제를 알 수도 분석을 할 수도 없었다.

인정받고 싶은 욕구가 서운함으로 이어졌다. 속 좋은 마음에 학연도 지연도 없는 곳에서 일만 해서는 안 되는구나 여겼다. 정당한 평가를 받지 못한다고 느끼자 넘치던 꿈과 열정은 사위어갔고 직장에 대한 회의懷

疑만 늘어갔다.

자신의 겉모습이야 거울로 볼 수 있지만, 타자에 의한 자신의 평가는 알 수가 없다. 남들이 다 아는 나쁜 소문조차 정작 본인은 제일 늦게 안다는 사실을 피가 뜨겁던 그때는 전혀 몰랐다.

탈출구를 찾아야 했다. 지독하게 몸을 혹사하면 뭔가 보일 줄 알았다. 작심하고 휴가를 냈다. 위험하다고 말리는 친구의 말을 무시하고 가장 험하고 긴 코스를 선택, 지리산 종주를 홀로 하며 발에 물집이 잡히고 터져 피가 나는 극한산행을 하면서 나를 찾으려 들었지만, 몸만 고달팠지 옥생각은 여지없이 도돌이표만 찍고 말았다.

어느 날 "핵심사원 양성을 위한 의식고도화 과정"을 다녀오란다. 그럴싸한 타이틀을 들먹이며 수군대는 동료의 말을 귓전으로 흘렸다. 120명이 전국에서 입소하고서야 직장 내 눈엣가시를 위한 '지옥훈련'인줄 알았다. 절망의 신음이 흘러나왔다. 어쩌다 내가. 치욕스럽다는 생각이 들었다.

일본에서 정규 지옥훈련을 이수했다는 교관들의 강렬한 눈빛은 쇠를 녹일 것만 같았다. '좀 봐주겠지, 시간이 지나면 수료시키겠지'라는 판단은 심각한 착각이었다. 월요일에 입소해 12개 과정을 수료하면 되지만, 퇴소는 개인의 능력과 노력에 따라 토요일 오전부터 그다음 주 수요일까지 이어진다. 단 1분도 머무르기 싫은 곳에서 며칠은 지금 생각해도 소름 끼친다. 쉬운 과정은 있을 리 없다. 굳이 뽑으라면 랜턴과 지도만 한 장 주고 각기 다른 코스를 혼자 통과하는 40km 야간 행군이다.

살천스러운 교관은 심리전에도 매우 능했다. 교육생에게 희망을 줬다

연속으로 절망하게 만들어 독이 바짝 오르게 만들어 인간의 한계를 시험하며 정말 최선을 다하는가를 면밀히 체크했다.

도저히 못 견딜 것 같았다. 어머니는 생전에 사람을 미워하지 말라 하셨지만 나를 이곳에 추천한 사람이 미웠고 당장 문을 박차고 나가고 싶었다. 하지만 그랬다간 약자의 마지막 권리인 사직서를 써야 할 운명이었다. 한 잔의 물을 들이켜고 몇 번의 심호흡을 하자, 세 살배기 아이와 아내 얼굴이 어른거렸다. 혼자가 아니었다. 다시 이를 악물었다.

보란 듯 내보이고 싶어 5박 6일간 4시간 눈을 붙이며 성대결절로 몇 번의 피를 토한 결과는 상위 5%의 합격이었다. 피땀으로 얼룩진 수료증을 받아드니 절로 통곡이 나왔다. 얼마나 지났을까. 동기 연수생의 부축을 받고 일어선 하얀 벽에 걸린 거울에는 엿새 동안 씻지도 못한 텁수룩한 수염에 두 눈이 푹 꺼진 초췌한 몰골의 이방인이 있었다. 그게 나였다. 인생의 바닥에서 눈앞에 어른거리던 죽음을 보고서야 내가 보였다. 주먹으로 가슴을 쳤다. 그토록 내가 내뱉었던 모든 원망과 탓의 본질이 남과 조건이 아니라 바로 나 자신이라는 걸 알게 되었다.

나중에 안 사실이지만, 다른 직원보다 먼저 훈련을 보낸 이유인즉 업무 능력은 탁월하지만, 툭하면 바른말에 온통 불만투성인 동료들의 가려운 등까지 긁어줘 놔두면 화근이 될 거라는 보고가 발단이었다.

예전의 나를 당장 죽여야 했다. 불만이 많은 동료와는 적정거리를 두었고 불만을 품어도 변하지 않는 것들에 일절 관심을 뚝 끊었다. 어쩜 사람이 저렇게 변하냐는 비아냥거림도 흘려 넘기며, 본 업무에만 몰입하자 오래되지 않아 큰 성과를 올릴 수 있었다. 이런 모습을 유심히 지켜봤던 실세 임원의 두터운 신임으로 탄탄대로를 걸을 수 있었다.

세상 변하지 않는 게 어디 있을까. 지옥훈련으로 다져진 각오도 유지는 어려웠다. 흔들리는 마음을 다잡고 나를 오롯이 들여다볼 수 있는 거울 하나를 내 안에 들여놔야 했다. 반원형의 손잡이가 달린 질박한 구리거울이다. 며칠만 닦지 않으면 녹슬어 보이지 않는 구리거울을 매일 닦는 것은 나를 들여다보는 성찰이고 정화이며 재충전인 셈이다. 끊임없이 이어지는 명상을 통한 자아성찰은 온전히 나를 위한 행위이며 말끔하게 닦여진 거울을 통해 선명하게 보고자 하는 건 자아自我였다.

모탕

요긴하나 인정받지 못한다. 대접은커녕 고마워하지도 않는다. 상대적 차별에도 입을 내밀거나 골을 부리지 않는다. 필요에 의한 운명으로 도끼날을 받아들이다 허리가 동강 나면 아궁이에 내동댕이쳐진다.

모탕은 출생부터가 남다르다. 그의 탯자리는 거름기 없는 척박한 바위산이다. 참으로 다행인 것은 그곳에도 밝은 햇살이 있다는 것이다.

남들처럼 쭉쭉 자라고 싶지만 바위틈에서 꼬부라지고 뒤틀린 옹이박이 소나무로 산을 지키다 고사목이 돼 간택된 후에는 나무토막을 끌어안기 위해 생살을 내주어야 한다. 이것이 그의 운명이라니.

아련한 기억 속에 모탕이 자리한 곳은 고향 집 헛간 앞이다. 비가 오나 눈이 오나 땅바닥에 누웠다. 마치 다리를 구부리고 모로 누운 채 늘어진 젖가슴을 물렸을 가련한 불혹의 내 어머니로 보였다. 그래서 늘 모탕만 보면 가슴이 저렸다.

톱날처럼 생채기를 내던 말쯤이야 가벼이 받아들이지만, 폭언으로 시퍼렇게 벼린 아버지의 도끼와 가뭇없는 가장의 부재로 머리 큰 자식들이 휘두르던 도끼날 역시 받아들여야 했다. 생가슴을 파내던 이들이 모두 떠나고 둘만 남은 커다란 집 마당의 모탕에 나무토막을 올려놓고 장작을 패던 열댓 살의 나는 늘 서러웠다.

대체 모탕은 전생에 무슨 죄를 지었을까. 능숙한 나무꾼의 도끼질이야 상관없지만 깝죽대는 서투른 도끼질에는 사정없이 가슴팍을 내놓아야 한다. 푹 파여 나가는 아픔에도 신음조차 못 내고 속으로만 삭인다. 모탕은 아낌없이 내어주는 어머니다.

시골도 요즘은 나무 대신 기름을 사용하고 있어 모탕을 모르는 사람이 많은 것 같다. 가끔 티브이를 보면 "자연인" 이나 비슷한 프로그램에서는 나무토막을 땅에 세워놓고 도끼로 내리친다. 빗맞거나 나무를 쪼갠 도끼날은 예외 없이 땅에 박히거나 땅속에 웅크리고 있던 돌을 내리찍기도 한다. 도끼날이 온전할 리 없다.

무뎌진 낫이나 칼은 숫돌에서 쉽게 날을 세울 수가 있지만, 망가진 도끼날을 세우는 일이 녹록지 않다는 걸 나뭇짐을 져본 사람은 잘 안다. 방앗간에서 벼와 보리의 껍질을 벗겨내던 구멍이 숭숭 뚫린 시퍼런 맷돌이 무뎌진 도끼날을 세우는 데 제격이다.

이순이 넘어 돌아보니 수많은 도끼질을 몸으로 받아내면서도 공방살이 어머니의 한결 된 원은 자식이 잘되는 것이었다. 그 뜻을 헤아리면서도 순순히 제 몸을 내주는 모탕의 역할을 하기는 고사하고 가슴팍을 파기만 했다. 고마움을 가슴 절절히 새기면서도 말이다.

언제부턴가 우리 사회는 모탕 같은 사람이 되기보다는 도끼를 들고 있는 사람이 늘고 있다. 인간은 묘한 심리가 있어 도끼를 들면 없던 힘도 생긴다. 자신이 가는 길에 방해가 된다면 재목으로 자라는 실한 나무도 찍어 넘겨버린다. 더불어 살아가는 지혜가 필요하다.

저 잘났다고 손톱만 한 공도 내세우는 사람이 늘어간다, 그들은 도끼날에 가슴팍이 파여 가는 고통을 감수한 어머니 같은 조력자가 있었기에 자신의 오늘이 있다는 사실을 알기나 하는지.

가정도, 사회도 있는 듯 없는 듯 자신을 드러내지 않고 납작 엎드려 묵묵히 소임을 다하는 모탕 같은 사람이 그리운 것은 나만의 욕심일까.

기다림의 漁具

해넘이로 곱게 물든 바다가 하늘을 품었다. 탄성이 절로 나온다. 통통거리는 고깃배도 하나의 풍경이다. 섬과 섬 사이가 좁아 빠른 조류로 멸치잡이를 하는 이곳은 남해의 지족해협이다. 줄지어 서 있는 죽방렴을 향해 셔터를 눌렀다. 500년을 이어온 전통 어구인 죽방렴, 밀물에 멸치 떼가 들어가고 썰물에 가두는 방식이다. 그런 바다를 바라보자니 어느새 기억은 나를 유년 시절로 데려다 놓는다.

반세기 전 내 고향 주천강에는 가을이면 다른 곳에서는 볼 수 없는 고기잡이가 등장했다. 잡는 방식이나 형상은 죽방렴과 흡사하다. 삽이라 불리던 이것은 민물고기의 이동시기와 습성을 이용해 강폭이 좁은 물살이 센 곳에 놓아졌고 목을 움츠리고 먹잇감을 노려보던 왜가리처럼 여울목을 지켰다.

바지런하며 차돌 같은 덕기 아버지는 아들 사 형제만 데리고 삽을 설

치했다. 몇 날 며칠을 강가에서 물이 흐르는 방향으로 기다랗게 V자형 돌담을 쌓았다. 담은 강물보다 조금 높아야 했고 돌담이 합쳐지는 곳에 통나무기둥 세 개를 원추형으로 세웠다. 안에는 수숫대로 엮은 족대 모양의 통발을 비스듬히 기둥에 고정했으며 강물이 어구로 뚝 떨어지게 하느라 한 뼘 가량 낙차를 두었다.

절기상 한로가 지나면 강의 수온도 덩달아 떨어졌다. 야간에 수심이 깊은 곳으로 이동하는 물고기가 여울을 따라 내려가다 삽에 떨어지면 잡는 방식이다. 어구는 물위에 떠 있지만 물은 계속 떨어져 고기가 죽을 염려는 없고 팔딱거리며 탈출을 시도해도 무모할 뿐이다.

놓여 진 삽이 모든 고기를 잡는 것은 아니다. 눈치 빠른 녀석과 덩치가 작은 놈, 점액질이 있는 메기 뱀장어 미꾸라지는 돌담 사이를 유유히 빠져나가고 별이 빛나던 밤에 여울을 타고 두둥실 물놀이 하던 씨알 굵은 놈만 걸려든다. 밤새 걸린 양도 많지 않았다.

물고기는 물안개 피어오르는 어둑새벽에 여울소리와 꼬마물떼새 소리를 들어가며 건져야 금상첨화다. 잡힌 고기는 마땅히 덕기네 것이지만 날마다 그곳을 찾지 않는 까닭은 이웃을 배려하는 나눔이었다. 타작하던 일꾼이 일찍 도착하면 그의 것이요, 잠 없는 사람이 찾아가면 그가 주인이며, 때로는 인간보다 먼저 달려온 황새 백로 가마우지의 뱃속으로 들어가기도 했다. 고기가 없다고 누가 가져갔다고 서운해 하고 성낼 일은 아니다. 조건 없이 내주던 어머니 같은 생명의 근원 강의 선물이지 않은가.

유년의 주천강에는 물고기가 많았지만 다슬기도 지천이라 해질녘에 강으로 가면 금세 한 사발은 주워 찬거리가 되었다. 이십 년 전만 해도 강물이 가슴팍까지 차는 보洑안의 큰 바위에 올라서면 온통 발에 밟히는 게 굵직한 다슬기였다. 하지만 몇 해 전부터 몇 차례에 걸쳐 주민들이 잠든 밤에 고무보트를 타고 전용그물로 싹쓸이하는 불법 어획으로 수심이 깊은 곳이 아니면 구경하기도 어렵다.

불법은 바다 역시 마찬가지다. 해양경찰이 적발한 중국어선의 불법어업 영상을 보면 기가 찰 노릇이다. 아예 씨를 말리려는 듯 작은 그물코에 아연실색했다. 그물에는 잡아야 할 고기든 아니든 모두 걸려들었다. 그들에게는 후대에 물려줘야 할 황금어장도 지켜야 할 금어기도 보호할 어종도 없었다.

비단 바다나 강에서만 불법이 판치는 게 아니지 않던가. 전국을 돌아다니며 집값을 올려놓는 투기꾼도 중국어선의 불법포획과 무엇이 다르랴. 청년의 꿈이 무너지고 무주택자의 탄식이 터져 나오는 세상이다. 열심히 일하고 모으면 작은 집 하나 살수 있다는 소박한 꿈이 무산된 민초들의 아우성을 외면한 채 돈이 될 성싶으면 땅이든 아파트든 사들여 제 배 채우기 급급하다. 그들의 죄가 가볍지 않거늘 삽았다는 뉴스를 보지도 듣지도 못했다.

자연에 순응했던 선인들은 지혜로웠다. 후손에게 넘겨줄 건강한 생태계를 위해 자연 순환의 전통어업인 죽방렴 독살 삽으로 먹을 만큼만 잡는 삶을 택했었다. 그런 맥락에서 기다림의 漁具의 본질은 자연과 어울려 살아가려는 상생의 나눔이었다.

외돌토리

만추의 풍광을 즐긴 지 두 시간, 묵직한 다리가 응석부린다. 낙엽이 두툼한 곳에 엉덩이를 내려놨다. 생수 한 모금으로 목을 축이며 나뒹구는 고주박을 바라보다 깜짝 놀랐다. 아! 하는 신음이 절로 나온다. 힘겹게 서 있는 작은 생명체, 어찌된 영문인가. 된서리 내린 입동절기를 알몸으로 홀로 맞서는 형상이다.

선천적일까. 아니면 천적의 공격으로 저리된 것일까. 성장이 채 끝나지 않은 것으로 보이는 기이한 사마귀 모습이다. 곧아야 할 등이 휘어 꽁무니가 하늘로 치켜 올라가고 좌우 세 쌍이어야 할 다리가 오른쪽은 뒷다리 하나뿐이다. 서 있는 것만도 힘겨워보였다. 어떻게 살아남았을까. 사냥에 필요한 앞발도 하나뿐인데다 날개조차 없으니 지금껏 연명한 게 신통하다.

측은지심에 카메라를 들이댔다. "찰칵" 소리가 나자 본능적으로 재빠르게 고개를 돌리더니 금방 달려들듯 노려본다. 살아있구나, 빠른 먹잇감은 놓치더라도 다가오는 곤충이라도 잡았으니 여태 살아남았을 게다.

한참을 들여다봐도 고개를 돌린 것 외는 통 움직이질 않는다. 안 가는 게 아니고 못 가는 것 같다는 생각이 들자 사마귀를 통해 예전의 내가 보였다. 보살펴 줄 사람도 갈 곳도 머무를 곳도 없었던 시절이 있었다. 오갈 곳 없이 끼니를 거른 뱃가죽이 등에 붙는 설움을 겪어본 사람만이 안온한 잠자리와 따신 밥한 그릇의 고마움을 잘 안다.

생을 통틀어 가장 힘겨웠던 시절이었다. 공부는 해야겠고 도움을 줄 피붙이는 아무도 없었다. 열여섯에 홀로 내동댕이쳐진 셈이다. 날 수도 뛸 수도 양발로 움켜잡을 수도 없는 사마귀와 똑같은 처지였다. 우선은 생존의 숙식이요, 다음이 공부였다. 조건에 맞는 곳을 찾는 동안 된통 눈칫밥을 삼켜야 했다. 애옥살이의 단칸방에 갑자기 끼어든 군식구가 예쁠 리 있겠는가. 숙부님의 잔소리가 아침 밥상머리에 착착 달라붙었다.

당장 발등에 떨어진 불을 해결하러 일자리를 찾아 여기저기 기웃거리다 땅거미가 내리고 나서야 도살장으로 끌려가는 소걸음으로 삭은냑을 찾았다. 방에 들어서면 구수한 밥 냄새에 주책없는 뱃속이 요동쳤지만 밖에서 먹었노라 둘러대야 했다. 이레 동안 입술이 부르트도록 찾아다닌 끝에 열악했지만 나름 숙식과 학비는 해결되었다.

예민한 성장기의 아픈 기억으로 지금도 한겨울 별빛이 초롱초롱한 새벽이 싫다. 반세기 전 그런 날은 몹시 추웠고 통금해제 사이렌이 울리면 일터에 쌓인 연탄재를 자전거로 서너 번 실어다 버리는 일로 하루가 시작되었다. 가끔 새벽에 마주쳤던 허리 굽은 할아버지가 끌고 할머니 두 분이 힘겹게 밀던 양로원 손수레에는 울어줄 사람조차 없을 듯한 가여운 이가 거적때기에 쌓여 실려 가는 광경도 지켜봤다.

누구인들 뛰고 싶지 않고 날고 싶지 않은 이가 있을까. 뛰고 싶었지만 튼실한 다리가 아니었고 날고 싶었지만, 날개가 없었다. 누구도 원망 않았고 버거웠으나 이겨내야 했다. 담임선생님의 도닥임이 없었다면 중간에 주저앉았을지도 모른다.

산에서 마주쳤던 사마귀가 한동안 뇌리에서 떠나지 않았다. 보편적 시각으로 보면 분명 기형이지만 가여운 생명이다. 약육강식 적자생존의 자연생태계의 기본원리는 분명 존재하나 크게 보면 공생의 의미도 있지 않은가. 크든 작든 환경이 좋든 나쁘든 모든 생명체는 생멸의 우주섭리에 순응하며 주어진 운명대로 한 생을 살아내는 일이다.

오늘의 나를 있게 한 배경에는 격려와 다독임만 있었던 것은 아니다. 의지할 곳 없던 어린 가슴에 못질한 혈육의 독설도 한몫했다. 열악한 환경에 살아남으려면 강해질 수밖에 없다. 신념만 강하면 못할 일은 없었다. 다리 하나 없어도 뛸 수 있고 부러진 날개로도 날 수 있었다. 더는 내려갈 수 없는 바닥이라 여기고 어려움을 피하지 않았던 아픔을 겪고서야 홀로 세상에 설수 있었다.

외돌토리로 살아보니 알겠다. 고통이 크면 클수록 넘던 고개가 힘겨웠지만 견뎌낸 것들은 오롯이 단단한 내공이 되었다는 사실을.

보고 싶은 얼굴

구실이 있고 통했으며 즐거웠다. 이삼일에 한 번꼴로 얼굴을 맞대며 술잔을 돌리던 날의 안주는 꼬리를 무는 이야기였다. 반반의 남녀 성비 여섯 명에 최장 열일곱 살의 층하로 자연스레 위계질서가 잡힌 셈이다

처음부터 모임을 만들 생각은 없었다. 구심점이 되셨던 어른이 계기를 만드셨기에 가능한 일이었다. 일곡日谷이란 필명의 선생님은 온화한 성품이셨다. 언행을 따라잡기는 불가능했고 흉내조차도 어려울 만큼 모범이셨던 그분의 얼굴에는 항시 미소가 번지곤 했다. 자리를 주선하고 밥값도 치르시며 "늙은이는 입은 닫고 지갑은 열어야 한다."면서 껄껄 웃으셨다.

학교에서는 결손가정 학생을 관심과 사랑으로 보살피셨다. 그런 인연으로 제자들과 나눈 편지만 몇천 통이 넘었다. 군대에 간 제자를 전방까지 찾아가 맛있는 음식을 사 먹이고 여관에서 팔베개해 재우곤 용돈까

지 주셨단다. 이런 내용은 선생님의 작품을 통해 알았다. 제자뿐 아니라 문우에게도 본이 되는 삶을 사셨기에 많은 이에게 존경받으셨다.

16년 전, 수필을 배우겠다고 모였고, 이듬해에는 모 사찰 불교대학 교무처장인 J에게 힘도 실어줄 겸, 기초 불교 이론과 문화를 배우고자 함께한 인연이다. 자주 만나니 정이 들었고 매번 계산을 도맡아 하시는 어른의 부담도 덜어드릴 요량으로 모임을 만들었다. 다양한 명칭이 나왔지만 J의 “지대방”설명을 듣고 모두 찬성했다.

지대방이란 사찰의 큰 법당 뒤쪽에 붙어있는 작은방으로 스님의 행장을 보관하는 방이지만 스님들이 수행하다 편히 쉬면서 차를 마시고 법담을 나눌 수 있는 공간이다. 다른 건 몰라도 격의 없이 지내면서 술도 한잔하며 정담을 나누자는 의미로 지대방을 선택한 셈이다.

수필가라는 이름을 얻기 위해 글을 쓰던 초짜라 모두 까발렸다. 아픈 가족사와 살면서 겪었던 애환을 글로 풀어냈기에 서로 잘 알게 되면서 급격히 가까워졌다. 상처 없는 사람이 있겠냐마는 밤이 이슥하도록 술잔을 돌리며 나누던 이야기에는 유년에 어머니를 잃고 아버지를 잃은 서러운 이야기와 젊은 나이에 홀로 어린 자식을 키웠던 여성 문우 두 명의 아픈 속내가 술술 풀려나올 때면 같이 울며 등을 도닥이기도 했었다.

뭐든 좋은 게 있으면 나눠주고 구성원 모두를 품어 안는 일곡 선생님의 사랑에 감화되어 일부는 뾰족한 가시를 가지고 있었으나 존재 자체를 잊고 지냈다. 가끔 상충된 견해로 발끈하며 세우려던 가시도 선생님의 따뜻한 미소에 곧장 눕혔기에 찌르지도 찔리지도 않았다.

'남촌'이라는 필명의 여성 문우는 경상도 분으로 첫인상은 강하지만 속은 따뜻하고 정도 많다. 나이로 치면 일곡 선생님 바로 아래이고 나와는 여섯 살 연상으로 수필과 소설을 쓰고 있다. 을미생인 J는 나와 갑장이며 영관장교 출신이라 리더십이 있고 불교대학을 통해 불교진흥과 불자 봉사단에 앞장섰다. 커다란 귀를 가진 탓인지 남의 얘기를 잘 들었고 말은 논리적이고 설득력이 있다. 맨 아래 정유생 동갑인 여성 문우 둘은 홀로 육아와 가정을 꾸리는 풍상을 겪어야 했기에 강해질 수밖에 없었다.

십여 년 세월 속에 든든한 대들보이셨던 선생님이 지병으로 쇠약해지자 지대방에 대한 관심과 사랑이 부쩍 줄었다. 다섯 명을 껴안았던 팔에 힘이 빠지자 각자 숨기고 있던 가시를 세우기 시작했다. 예전에는 감히 생각지도 못했던 언쟁이 일었고 갈수록 강도가 더해져 찌르고 찔렀다.

기울던 대들보가 완전히 무너져 내렸다. 의지했던 구성원이 내동댕이처진 셈이다. 대체 무슨 짓을 한 것일까. 제멋대로 나대는 서까래를 위해 당신의 몸을 잠식한 암 덩이가 고통스러워 진통제를 드시고 나온 어른 앞에서 핏대를 세우고 서로 가시로 찔러댔으니.

사찰 지대방에는 금기사항이 있다. '바닥에 등을 대고 눕지 말아야 하며, 코를 골지 말 것이며, 큰 소리로 떠들지 말아야 한다.' 우리도 그랬어야 했다. 지대방이라는 모임으로 만나면 이해와 존중을 앞세우고, 험담하지 않아야 했고, 자신의 뜻을 밀어붙이지 않았어야 했다.

구심점이셨던 대들보가 한 줌 재로 떠나자 지대방으로 만나던 시절 인연은 소멸되었다. 무수히 뱉어낸 칭송의 언어와 수없이 술잔을 돌리며 쌓았던 정도 일순간에 사라졌다. 무상無常했지만, 더 이상 감정의 소용

돌이로 찌르고 찔리는 아수라는 보지 않아도 되었다.

혼족이 늘어가고 있다. 시대의 흐름이지만 바람직하지는 않다. 사람답게 살 수는 없지 않은가. 그들은 더불어 사는 불편함만 기억할 뿐 즐거움과 행복은 외면한 채 산다.

사람의 한 생은 연속되는 연의 생성과 소멸이기에 수수법칙授受法則에 의해 정도 언어도 주고받으며 살아야 한다. 살아보니 알겠다. 타자와 데일 정도로 가까이하면 정은 쉽게 들지만, 단점이 보이고 상처도 주며, 함께 하는 세월도 줄어든다는 사실을.

사람은 역시 사람 속에서 살아야 한다. 때로는 이견과 부대낌으로 속상하지만 그러면서 살아가는 게 인생이다. 외로운 인생길 함께 오래가려면 존중과 배려는 기본, 혹간 비집고 드는 서운함은 곧장 흘려버리고 고마움만 간직해야 한다. 생전에 늘 일러주시던 일곡 선생님 말씀이 귓가를 맴돈다. "세상을 잘 산 사람은 가장 가까운 사람에게 인정받는 것이라고."

불현듯 누군가 보고 싶은 사람이 있다는 것은 남겨진 정이 지핀 군불로 달아오른 그리움이다.

구실

궁하면 내뱉는 약자의 변이다. 경우의 수에서 유리한 수를 선택한다. 쓸수록 대담한 수를 찾으며 그럴수록 관계망은 균열이 가고 삶의 기본 바탕도 깨어지게 마련이다.

삼십여 년 전, 퇴근 무렵 후배가 찾아왔다. 같은 부서에서 근무했던 그는 퇴직 후 자동화 설비를 제작하고 있었다. 우리는 회사 근처 포장마차에서 소주잔을 기울였다. 빈 병이 두어 개로 늘어나자 입을 뗀다.

"형님, 직원 월급을 줘야 하는데 입금이 늦어 그러니 500만 원을 닷새만 빌려주면 고맙겠습니다."라고 하였다.

"어쩌지, 나도 당장은 없는데." 두 사람 사이에 한동안 침묵이 흘렀다.

후배 얼굴을 보니 오죽하면 부탁하겠나 싶고 내일이 '근로자의 날'인데 월급을 못 받는 직원들 모습이 어른거려 마음이 약한 나는 이렇게 말했다.

“적금을 해지해 줄 테니 우선 급한 불은 끄게나.”

집사람에게 의논도 없이 반년 남은 2년 만기 적금을 해지하여 빌려주겠다고 한 것이다.

후배의 뜻대로 차용증도 썼다. 그 안에는 변제기일도 분명히 적혀 있었지만, 화장실 갈 때와 다녀와서가 다르다는 걸 그때는 미처 몰랐다. 빌려준 지 열흘이 지나고 한 달이 넘어도 기척 없다. ‘바빠서 그렇겠지’라며 이해하다 두 달이 넘어서자 전화를 걸었다.

“잊은 것 같아 전화했네.”라고 하자

“형님, 죄송해요, 곧 입금이 되니 조금만 더 참아주세요.”라며 미안해했다.

전화를 거는 일이 잦아졌다. 그때마다 간을 봐가며 받는 이의 구실이 조금씩 수위를 높여갔다. 닷새 만에 찾아오겠다던 사람이 다섯 달이 되어도 나타나지 않았다. 그뿐 아니라 전화를 하면 분명 본인인데 사장님은 외출 중이고 자신은 동생이라고 둘러댔다. 사정이야 있겠지만 이거는 아니었다. 부아가 났다.

지금은 사라졌지만, 예전에는 남의 보증을 서주고 패가망신한 사례가 많았다. 삼십 오 년 전, 오백만 원은 큰돈이지만 못 받는 돈보다 갖은 구실을 붙이는 그 사람이 미웠다. 오죽하면 돈거래 하다 돈 잃고 사람 잃는다는 말이 나왔을까. 진즉에 알았으면 좋았으련만 그것도 비싼 대가를 치러야 터득하는 게 세상 이치였다.

적금 만기일이 지나자 은행에 근무하던 꼼꼼한 아내의 채근이 매서웠다.

"당신 신협에 가입한 적금 만기 지났잖아요, 얼른 찾아와요."

초가을 밤인데 어쩌자고 땀은 등줄기를 타고 줄줄 흘러내리는지. 잠시 궁리 끝에 입을 열었지만, 구실로 포장된 언어는 어눌하기 짝이 없었다.

"찾아와야지 요즘 일이 워낙 바빠 자꾸 잊어버리네, 알았어."

푹 잘 수 없었던 새벽에 편지를 썼다. 돈을 받는 것보다 관계 속에 살면서 지켜야 할 도리와 신의에 대해 구구절절 마음을 울리는 문장으로 편지지 한 장을 빼곡 채웠다.

집 전화벨이 요란하게 울렸다. 후배였다. 집 앞이니 나오란다. 굴러온 낙엽이 쌓인 가로등 아래 그가 서 있다. 일하다 씻지도 못하고 왔는지 헝클어진 머리에 군데군데 기름이 묻은 얼굴은 핼쑥했다. 짤막한 키에 다부지던 예전 모습은 찾을 수가 없다. 사람 마음이 참 간사하다는 걸 느꼈다. 온갖 구실을 붙일 때는 그리도 얄밉더니 마주 대하니 안쓰러운 생각만 들었다.

구운 갈비와 술을 연신 그에게 권했다. 우선 허기진 배라도 채워주고 싶었다. 무슨 말을 하려 들면 서둘러 그의 입을 막았다. 말없이 술잔을 연거푸 비우던 후배가 벌떡 일어서더니 누런 봉투를 내민다.

"늦어서 죄송합니다. 형님 편지 읽고 많이 느꼈습니다."라며 고개를 숙인 채 눈물을 흘린다. 목울대가 뻐근했다. 무슨 말이 필요할까, 후배를 끌어안고 등을 도닥였다.

만약 돈을 갚으라고 다그쳤다면 지금도 불편한 관계로 남아있었을 텐데 그 사람 마음을 움직인 것은 상대를 배려하는 진솔한 한 통의 편지였다.

심리학자들이 주장하는 “인간 본성”을 들추지 않아도 이만큼 살아보니 알겠다. 잠시 위기를 모면하는데 구실보다 더 좋은 게 없다. 하지만 그 구실은 또 다른 구실을 만들고 신뢰할 수 없는 사람이 되는 것은 자명하다. 결국 그런 사람은 사회적 존재감을 느끼지 못해 행복하게 살 수 없다는 사실이다.

먼 길을 함께 오래 가려면 줄여야 하는 구실인 것을.

입을 논하다

얼굴 맨 아랫자리지만 생의 통로이다. 타자와 가장 빠른 소통의 지름길이며 감정에 따라 무시로 형상을 바꾼다. 가장 많은 업을 쌓는 입은 걸음마를 막 뗀 아이처럼 조금만 방심하면 어떤 사고를 칠지 모른다.

입술

들고나는 몸의 관문이다. 코가 무인 검문소라면 경비병을 갖춘 입술은 제법 가려서 통과시킨다. 죄지은 자도 입술의 협조 아래 묵비권이 가능하고 이성간교제도 입술이 포개져야 달아오른다. 하여, 애정표현도 명줄 유지에 필요한 음식도 입술의 도움 없이는 불가능하며 몸 상태를 나타내는 바로미터이기도 하다. 입술이 파래지면 저체온이고 입술에 물집이 잡히면 고단하니 쉬라는 경고이다.

입술은 위아래로 구별되고 붉게 그어진 둘레에 따라 입의 크기를 가늠

한다. 입술이 얇으면 입이 가볍다고 하며, 두꺼우면 입이 무겁다고 한다. 두꺼운 입술을 가진 사람이 가벼이 입을 놀리는 걸 본 적이 없다.

거울 속의 내 얼굴을 들여다본다. 두꺼운 윗입술이 얇은 아랫입술을 지그시 누르는 형상이다. 가벼이 입술을 놀리기 어려운 모양새다. 그러니 말이 많을 리 없다. 숫제 입을 닫고 있을 때도 있다. 그런 연유로 때로는 도도하다는 오해를 사기도 했다. 어머니를 닮았다.

이와 잇몸

이齒의 선공이다. 몸에서 나보다 더 야문 게 있으면 나오라며 내가 있어 그나마 잇몸이 보인다고 하고, 잇몸은 세상 구경 너보다 대여섯 달 먼저 했고 밑에서 꽉 잡고 있어 네가 존재할 수 있다고 한다. 서로가 필요한 존재지만 다툼은 있게 마련이다.

사람들은 대부분 막둥이처럼 이를 예뻐하고 잇몸은 늘 뒷전이다. 더러는 미용으로 원치를 갈아내고 래미네이트로 씌우거나 임플란트로 고른 치열을 만들지만 시기 어린 잇몸은 짙은 보라색을 띠며 인공치라는 걸 알리는 내부자를 자임한다.

해가 갈수록 기대수명이 길어지는 요인 중 하나가 의치와 임플란트 덕분이라 한다. 음식을 잘게 부수는 치아의 기능은 소화흡수에 기여하며 씹으며 느끼는 맛은 살아가야 할 가치를 높인다고 한다.

치과를 좋아하는 사람은 없다. 하지만 아프면 용빼는 재주 없다. 앞에 놓인 모니터에는 소독된 기구만 쓴다고 나오지만, 입안에 고인 핏물을 빨아들이기 위해 남녀노소를 가리지 않고 입안을 넘나드는 석션호스가 영 마뜩잖다. 게다가 이를 갈 때는 온몸이 움찔거릴 정도로 시큰거리고 아픈 데다 앵앵거리는 소음 역시 싫다.

혀

눈빛만 봐도 알아채고 호흡을 맞추는 사람을 입안의 혀 같다고 한다. 혀의 본질인 미각 감지와 음식을 씹고 넘기는 데 충실하며, 상하좌우로 움직이며 정확한 발음에 공을 세운다. 그뿐 아니라 이성간 급격히 몸이 달아오르면 상대의 신체를 공략하려고 선봉에 서기도 한다.

따뜻한 말로 용기를 주거나 기운을 돋우기도 하지만 내뱉는 험한 말은 칼보다 더 깊은 상처를 주고 때로는 멀쩡한 사람을 죽음으로 내몰기도 한다. 우리 신체 중에서 손 다음으로 가장 못된 짓을 하는 게 겨우 십여 센티미터에 불과한 혀가 아닐까.

깜냥도 안 되면서 '언행일치를 좌우명으로 삼고 살았지만 실행은 어려워 늘 입조심을 하며 살았다. 불가에서는 '모든 재앙은 입으로부터 온다.'라고 법구경이 전하며 최고의 수행으로 묵언을 손꼽는다.

몸 안팎을 들고나는 것을 통제하는 입이지만, 본능적 욕구에 매번 지고 만다. 입에 당기는 음식에 무너지고, 감정이 개입된 거친 말은 자업자득이 되어 돌아온다. 온화한 미소와 칭찬이 이상적이나 그 시간은 마냥 짧기만 하다. 수시로 돌변하는 입에서는 수많은 말을 자발 없이 쏟아낸다. '말이 씨가 된다.' '뿌린 대로 거둔다.'라는 의미를 되새기며 무심코 던진 말이 타자의 가슴에 못을 박지 않았는지도 돌아볼 일이다.

입을 다스린 결과에 존경도 사랑도 미움도 있는 것을.

낯面

낯은 타자에 내보이는 본연의 모습이다. 생긴 형상과 빛을 상대가 인식하며 잠시 마주치는 것으로 대상을 판단하는 오류도 범한다. 낯과 체면은 염치와도 일맥상통한다. 낯이 얇다 함은 도리를 갖춘 겸양의 배려이고 막무가내의 몰염치 한에게는 비속어가 붙기도 한다.

평소보다 길어지는 아내의 외출 준비에 슬슬 부아가 오른다. 집안의 주요 행사이니 그럴 수 있다고 이해하면서도 이동 거리도 있는데다 주말의 도로사정도 만만치 않을 것 같아서다. 행사 시작 20~30분 전에 도착해야만 직성이 풀리는 바상바상한 성격이라 갈 길은 멀고 시간은 다가오니 좌불안석이다.

체면을 중시하는 한국인은 외출할 때면 용모에 많은 신경을 쓴다. 이런 것은 상대에 대한 기본 예의이며 만나는 사람이나 장소 모임의 성격에 따라 달라지기도 하고 낯가림이 심하거나 숫기가 없는 사람일수록 거울 앞에 오래 서 있다.

직장을 알선해준 인연으로 오랫동안 인사를 한 적이 있다. 명절이면 어김없이 선물을 들고 집을 찾았다 그 댁 아이가 어려서 시작해 두 아들이 결혼하고 손자가 초등학교를 졸업할 때까지 이어졌다. 때론 이젠 그만해도 된다고 했지만 태생적으로 낯이 얇아 한번 시작하면 쉽사리 그만둘 수가 없었다.

너무 오래 했을까. 대가를 바라는 인사는 아니었지만 끈끈하다고 믿었던 인연을 뒤흔드는 일이 생겼다. 학식은 짧으나 꾀돌이라 불리던 지인은 이런저런 사업을 하면서 고생하더니 재력가로 변신했다. 그래서인지 고가의 외제승용차를 타고 다녔다. 그가 누리는 호사를 두고 왈가왈부할 수는 없지만 자랑스레 한 말이 독이 된 셈이다.

친목모임을 했기에 매달 만났다. 마침 첫 작품집 출간기념식이 일주일 후라 초대장을 건네면서 설명했다. 축하한다며 당신은 죽어도 남길 게 없지만 자네는 글이 남지 않느냐며 부럽다고 했다. 그 말이 끝나기 무섭게 며칠 전 당신의 차량 타이어 네 개를 교환하는데 240만 원이 들었노라 했다. 십 년 전이니 타이어 값은 중고 경차 한 대 가격이기도 했다.

출판기념식이 끝나고 정산하다 깜짝 놀랐다. 혹시나 해서 봉투 안을 확인했지만 달라지지 않았다. 내외가 내놓고 간 봉투로 사십 년의 인연은 끝이 났다. 아무리 생각해도 너무했다. 대체 무슨 생각이었을까. 네가 무슨 글이냐며 하찮다 여겼을까. 두 사람의 식대도 모자라는 지폐가 보라는 듯 비웃고 있었다. 몰라서 그랬을 거라고, 실수가 아니냐고, 그 정도로 아둔하다면 이해하지만 그럴 사람은 절대 아니다.

"잘해주고 상처받지 말라"는 심리학자의 말이 가슴에 박혔었다. 삼십여 년 성심성의껏 대했는데도 그랬다. 돌아오는 게 상처뿐이라면 더는 그 인연을 끌고 갈 이유가 없지 않은가. 낯이 얇은 사람은 타자에게 피해를 주지는 않는다. 대부분 이용당하느라 손해를 볼 뿐이다. 반면 어쩜 저리 뻔뻔할까라는 말이 나올 정도로 낯이 두꺼운 사람도 많다. 낯이 두껍다는 말을 듣는 사람은 실제로 얼굴 피부가 두껍다는 설도 있다. 이런 사람은 자기가 필요할 땐 접근하여 알랑거리다 목적을 달성하면 언제 봤냐는 듯 돌아서고 궁하면 다시 다가섰다 목적을 다하면 또다시 도돌이표를 찍는다.

이순 후반에 들어서니 멀끔하고 환했던 낯빛도 칙칙해지고 살아내느라 생의 결도 깊게 패였다. 해가 갈수록 낯익은 사람이 떠나가니 촘촘했던 관계망도 성글어지는 것을 느끼지만 그 또한 받아들이고 싶다. 낯가림으로 어디든 선뜻 나서서 대화를 주도할 주변머리도 아니니 더는 새로운 연을 만들기도 어렵고 연이 되어도 오랜 세월 이어온 인연처럼 끈끈할 리 없다.

낯이 얇아 체면 차리느라 챙기며 살아온 세월이 반평생이다. 하여, 자신의 이익을 위해 수단을 가리지 않는 모리배가 듣는 '낯짝' 소리는 평생 듣지 않아도 될 것 같다. 낯이 얇은 사람의 공통점은 사람 노릇하는데 많은 시간과 비용이 들어간다. "당신은 낯이 얇아서"라는 핀잔을 자주 아내에게 듣는다. 때론 잊어버린 척 외면해도 되련만 기어이 나서는 남편이 못마땅한 게다. 하지만 어찌하랴, 타고난 본성이라 바뀌지 않는 고질병인 것을.

3부

그림을 찍다

재

피하고 싶지만 그럴 수 없다. 반드시 극복해야 할 대상이다. 겹겹이 쌓인 산허리 중에 그나마 쉬운 곳에 길을 냈으나 편히 갈 수 있는 것은 아니다. 몇 굽이 돌고 돌아 가쁜 숨 몰아쉬며 가풀막을 힘겹게 올라야 넘을 수 있다.

재를 처음 넘어 본 것은 초등학교 2학년 초, 설구산에 온통 붉은 꽃물이 들었던 시기였다. 어머니 손을 잡고 타박타박 걸었다. 노산의 늦둥이로 태어나 체구는 작고 병약해 두 번의 강을 건너고 재를 넘는 십리 장터를 다녀오는 것은 무리였다. 소풍을 앞두고 옷이랑 신발을 사준다는 달곰한 유혹이 없었다면 재를 오르다 벌렁 드러누웠을 일이다.

기억 속의 주치재는 높기만 했다. 그런데도 이 재를 넘어야 영월이나 제천, 원주를 갈 수 있었고 주천 중학교는 물론 장터에 가느라 곡식을 이고 진 사람도, 우시장으로 끌려가는 소도 큰 망울에 눈물을 흘리며 재를 넘어야 했다.

집에서 반마장거리에 있던 주치재는 슬픔의 고갯마루였다. 능선에 재를 내준 설구산에는 전쟁의 상흔으로 녹슨 총열과 누군가의 가슴에 대못을 박았을 유골이 나물 뜯는 어머니를 따라간 내 눈에 띄기도 했었다. 가족을 두고 전답에 집까지 팔은 내 아버지가 별빛으로 길을 가늠하고 넘었고, 원망스러운 가장이 팔아넘긴 집을 이 악물고 되찾은 어머니가 큰 자식의 빚 청산으로 넘기고 옷 보따리 하나 달랑 이고 눈물을 밟으며 넘은 서러운 고개였다.

경사진 재를 오르느라 숨소리가 거칠어질 무렵 왼쪽으로 돌아가는 길에는 들기름에 볶은 소금을 안주로 두어 번의 막걸리 주전자를 비웠을 불혹의 상진이 아버지가 트럭 적재함에서 떨어져 이승을 하직한 곳이라 동네 사람들은 지나칠 때마다 불귀의 그를 떠올려야만 했다.

오르내릴 때 많은 사람을 힘들게 했던 주치재는 장터나 학교 갈 때는 희망으로 넘었고 해거름 귀갓길의 재는 반겨줄 가족이 있었기에 수월하게 넘었던 것 같다.

그 높고 힘들었던 재를 세월이 분칠한 금이 얼굴에 그어지고 희끗희끗한 머리카락을 숨길 수 없는 나이에 차로 재를 올라보니 아주 조그만 언덕에 지나지 않았다.

이만큼 살아보니 눈에 보이는 물상의 재는 다소 시간이 걸리고 고통스럽긴 하지만 견뎌내면 넘을 수 있었다. 하지만 바닷물 속에 꼭꼭 숨었다 썰물 때 불쑥 내미는 여 같은 재가 곤혹스러웠고, 더 넘기 어려운 것은 무엇으로도 감지할 수 없는 재가 가혹하리만큼 괴롭혔다. 한 치 앞을 가늠할 수 없는 안개 속 같아 얼마나 더 올라가야 하는지, 몇 굽이를 더 돌고 돌아야 하는지 알 수 없었기에 답답한 가슴을 치기도 했고 때로는 너무 고단해 그만 가고 싶다는 생각을 한 적도 있었다.

넘어야 할 재는 사람에게도 분명히 있었다. 사람은 본질적으로 돈과 힘을 가진 곳에 몰리게 되며 일부는 그것에 엮혀 도움을 받거나 잇속을 챙기려 들기도 한다. 그런 속내가 있기에 오랫동안 함께해 잘 안다며 달려들었다 된통 곤욕을 치르기도 했었다. 그런 경험을 통해 비친 나를 돌아본다. 나 역시 잘 가고 있는 누군가의 걸림돌이 되거나 행짜를 부려 힘들게 만든 재로 기억되지는 않았는지.

걸어서 넘었던 현상의 재는 문명의 이기로 쉽게 넘을 수 있지만, 인생길에서 느닷없이 나타나 발을 걸거나 그 자리에 기어코 주저앉히려 드는 운명 같은 재를 넘는 것은 도를 닦는 듯한 수련이었다. 가는 길 막아섰던 재로 더러는 돌아가기도 했고 쉬어가느라 더디기는 했지만 그로 인해 세상을 바라보는 눈도 깊어졌고 성찰을 통한 내적 성장도 이룰 수 있었다.

이순 중반에 돌아보니 겪었던 모든 재가 마냥 힘겹게만 한 건 아니었다. 피가 뜨거워 세상이 뭔지도 모르고 날뛸 시기에는 속도를 줄이고 진중하라는 의미와 잠시 멈추고 성찰하라는 속 깊은 메시지였다. 수없이 넘어온 재를 넘는 힘듦으로 평지의 고마움과 진정한 편안함을 맛보게 되었고 넘느라 극에 달하는 고통이 길고 클수록 맑은 영혼을 건질 수 있다는 이치도 터득하게 되었다.

아직 넘어야 할 높고 험준한 재가 남아있을 것 같다. 쉽게 넘었던 재도 없었고 높다고 넘지 못한 재도 없었으니 서두를 이유 없다.

그림을 찍다

귀한 것은 절대로 쉽게 보여주지 않는다. 가만있어도 숨 막히는 염천에 가풀막진 산길 시오리는 고행이었다. 생수 두 어병을 마셔도 갈증은 이어진다. 군데군데 잠시 나서는 반그늘도 더없이 감사했다. 태고의 신비를 간직한 원시림을 찾는 길은 지난하기만 했다.

꼭 한 번 다녀와야지 하면서도 쉽게 나서지 못했다. 습기와 온도에 영향을 받는 이끼가 왕성하게 세를 불려 절정인 삼복더위에 높은 산을 오르내리며 8시간 운전의 당일치기는 무리였다.

역마살은 이번에도 통했다. 초복이 지난 지 닷새, 열대야로 밤잠을 설친 데다 어느 블로그에서 접한 이끼 계곡이 부채질했다. 약간의 간식과 생수를 준비하고 늑장 부리는 아내를 채근해 집을 나섰다.

가쁜 숨을 내쉬며 올라가도 보이지 않더니 계류의 존재를 알리는 울음소리로 가려져 있던 신비로운 세상과 마주한다. 오매불망하던 선경仙

境이 눈앞에 펼쳐졌다. 와! 하는 탄성이 절로 나온다. 어쩜 저런 태곳적 풍경이 우리나라에 존재한단 말인가. 단 한 번도 인간의 발길을 용납하지 않았을 것 같은 경이로운 자연 풍광이다.

지표면을 막 비집고 나온 신성한 물로 목욕재계한 대단위 이끼군락은 원시림 비집는 빛 내림을 받아 눈부시도록 아름다웠다. 규모도 때깔도 풍광도 가히 환상적이다. 너른 바위너덜을 보드랍고 깔 고운 녹색 양탄자로 빈틈없이 덮었다.

마음 같아선 계곡으로 내려가 풍성하게 자란 보드라운 이끼를 만지며 느끼고 싶었지만, 나와 같은 생각을 하는 사람들이 많아진다면 잘 보존된 이끼 계곡은 영원히 사라질 거 같아 눈 호강으로 만족해야 했다.

우리나라의 3대 이끼 계곡은 모두 강원도에 있다. 평창의 장전 계곡, 영월 천평 계곡, 삼척의 무건리이며 이중 가장 아름답고 규모가 큰 무건리 이끼 폭포는 해발 1,000m가 넘는 육백산, 핏대봉 두리봉 응봉산이 호위하듯 둘러싸고 있다.

갓 서른을 넘긴 무렵, 여름휴가 때 지리산 설악산 등 고산을 종주하면서 순간순간 변하는 운무가 그려놓는 선경을 보며 느꼈던 벅찬 감동을 아내에게 상세히 설명했지만 전혀 공감하지 못하는 걸 보고 생생한 영상을 전하기 위해 사진을 찍기 시작했다. 하지만 같은 사진을 보고도 느끼는 감정은 보는 이의 관점에 따라 달랐기에 깜냥도 안 되면서 그림 같은 풍경을 찍겠다는 꿈을 가졌다.

글도 많은 습작 뒤에 좋은 작품을 얻듯 사진에 미쳐 아름다운 풍광을 찾아 전국을 다니며 수많은 필름을 버려야 했다. 안목을 키우기 위해 다른 작가의 사진도 많이 봤는데 월간 사진 잡지에서 이끼 사진을 보고 깜짝 놀랐다. 열대우림에서 촬영한 것으로 보이나 넓은 지역을 모두 덮은 이끼와 하얗게 쏟아지는 폭포와 숲 사이로 내려앉는 빛이 환상적이었다.

사진작가들이 세상에 선보이는 멋진 이끼 계곡의 작품은 대부분 수동으로 셔터속도를 늦추고 조리개를 최대한 조여 흘러내리는 계류와 숲 사이로 쏟아지는 빛 내림, 바위를 덮은 녹색 이끼를 찍은 사진이다. 이런 사진은 촬영기법으로 형상을 변형시키고 편집기능으로 색감을 진하거나 부드럽게 편집하여 실물보다 훨씬 더 아름답게 보인다.

물이 흘러내리는 계곡은 흔히 볼 수 있지만 녹색 이끼와 잘 어우러진 몽환적인 풍경 사진을 찍을 수 있는 곳은 소수의 이끼 계곡에서만 가능하다는 것이 큰 매력이다.

흔히들 아름다운 풍광을 보거나, 잘 찍은 사진을 보면 한 폭의 그림이라고 한다. 왜 사진이 아니고 그림이어야 할까. 찰나에 실물을 담는 게 사진이라면 그림은 작가의 치밀한 구도 아래 추상이 가능하고 대상을 가감할 수 있기에 높이 평가받는 것이 아닐까.

쾌청한 날씨에 기울어진 해, 흐르는 수량水量도 적절해 좋은 그림을 얻기에 최적 조건이다. 수동 카메라는 아니지만 다양한 위치와 각도에서 셔터를 눌렀다. 기능을 단순히 해서 건지는 자연스러운 사진이다.

대형 모니터에 가장 마음에 드는 영상 하나를 조심스레 띄웠다. 화면 가득 고이 감춰두었던 태고의 신비가 펼쳐졌다. 무건리의 감동이 그대로 전해온다. 온몸에 소름이 돋는다. 이 한 폭의 그림을 찍기 위해 얼마나 오랫동안 벼르고 애를 썼던가. 다른 이의 평가는 알 수 없으나 내 눈에는 다시는 얻을 수 없는 한 폭의 귀한 진경산수화였다.

한 생도 어찌 보면 살아온 흔적을 고스란히 화폭에 담은 한 폭의 그림이 아니던가. 이순 중반을 넘어 돌아보니 지우고 싶은 부분도 있고 덧칠을 하고 싶은 부분도 있지만, 그 역시 내가 평가받아야 할 몫이다. 늦긴 했지만 이제라도 감동과 여운이 있는 그림으로 여백을 채워 볼 참이다.

어머니의 강

강도 세월 따라 늙어간다. 유순하게 탈 없이 흘러가는 것 같지만 산허리를 돌 때마다 부딪쳐 멍들고 주름지며 몸태도 달라진다. 순리를 역행하려는 사람의 손길이 닿고 발길이 잦을수록 강의 흐름은 더뎌지고 갇혀있느라 탁해진다. 마음으로 흐르는 강은 언제나 물새가 날고 고기가 노니는 맑고 깨끗한 강이지만 현실의 강은 갖은 고초를 겪었던 내 어머니처럼 골병이 들어간다.

나에게 태초의 강은 어머니 자궁이었다. 그 강은 내가 들어서기 전 이미 육 남매가 머물렀었다. 하지만 두 자식을 어린 나이에 떠나보낸 불혹의 어머니는 반길 사람 없는 씨앗을 지우려 별의별 짓을 다 하셨단다. 그런 의지와 달리 질긴 목숨은 태어났고 병약했던 유년 시절이 당신 탓이라며 가슴을 치셨다.

기댈 곳 없고 답답하고 외롭고 슬픈 사람은 본질적으로 강을 좋아한다. 어머니 역시 그랬다. 강 없는 충청도 산골에서 자란 당신이지만 시부에 의해 영월의 강촌江村으로 삶의 터전을 옮긴 후 강을 찾았다. 힘겹고 답답해 찾았고 눈물 나도록 부모형제가 그리우면 열댓 살 아낙은 그을린 행주치마를 펄럭이며 강으로 달려갔다.

시련은 거푸 들이닥쳤다. 시부가 먼 길 떠나시고 한국전쟁의 상흔이 채 가시지도 않은 시기에 신흥종교에 현혹된 가장이 전 재산을 정리해 별빛으로 길을 가늠하며 섶다리 건너 떠나가자 어머니의 절망은 극에 달했다. 자식이 모두 잠든 밤에 수심이 두어 길이 넘는 강가에서 갈등했다는 사실도 먼 훗날 턱에 거뭇거뭇 수염이 나고서야 일러주셨다.

새까맣게 탄 어머니의 속내를 몰랐던 철부지는 집 앞에 강이 있는 게 마냥 좋았다. 꽁지깃 까불거리며 날아다니는 물새 소리가 정겨웠고 화답하는 맑은 여울의 재잘거림과 물살을 거슬러 오르는 고기떼를 보노라면 막혔던 가슴은 어느새 확 트이곤 했었다. 나이 차 많은 형제와 아버지 없이 자란 탓에 숫기가 없는 데다 호적이 실제보다 빨라 같은 학년 친구보다 적게는 한 살, 많게는 네 살 차이가 나 잘 어울리지 못하는 나에게 강은 언제나 변함없는 친구였다. 어머니가 그랬듯 외롭고 슬퍼지면 달려갔다.

강을 가만히 들여다보면 유량流量이 늘었다 줄어들듯 강물 안에도 변화는 무시로 있었다. 계절마다 눈에 띄는 민물고기와 수생생물을 보며 자연에 적응하는 법을 익혔다. 숨죽이며 흐르던 강이 장대비로 몸집을 키워 넘실거리며 흘러갈 때도 엄혹한 모습은 아니었다. 거칠게 달려드는 계류와도 절대 맞서지 않고 조금씩 자리를 내주며 끌어안는 형상은 골

부리는 자식 살살 달래며 품어주던 어머니의 모습과 닮았었다. 가장을 대신하느라 숯 검댕이 속을 하셨던 어머니는 어린 나에게 늘 말씀하셨다. 정직하게 살아라, 누가 해코지해도 싸우지 말거라.

장성한 형들이 모두 집을 떠나자 커다란 고향 집에는 어머니와 둘만 남았고 나는 당신이 가는 곳이면 뒷간까지 졸졸 따라다녔다. 좋은 것도 있지만 아버지가 그랬듯 혹시 어린 나를 두고 떠날 것 같은 불안함이 깊숙이 깔려있었다. 그런 마음은 검정 교복을 입고 나서야 떨쳐버릴 수가 있었다.

흐름이 아닌 이음으로 이어가는 적조한 겨울 강은 봄이면 태어날 숱한 생명의 먹이를 어머니의 심정으로 길러냈다. 갯버들이 연녹색 잎을 틔우면 대다수 민물고기가 산란을 하고 알에서 깨어나면 본능적으로 달려드는 치어와 물고기들에게 겨우내 키운 이끼를 아낌없이 내어준다. 나는 먹었으니 너희나 먹으라며 자식 앞으로 음식을 밀어주던 어머니 모습이다.

여름 강은 정화를 맡은 셈이다. 다슬기와 고기떼가 먹다 남겨놓은 미끈거리는 이끼를 장마의 거센 물살은 모래와 자갈로 빡빡 문질러 뽀얗게 만들었다. 마치 명절 전 어머니가 재를 묻힌 천으로 광이 나도록 놋그릇을 닦은 것처럼 강바닥이 훤하다. 사계절 중 가장 깨끗한 강을 보려면 장마를 치르고 난 초가을이 으뜸이다.

반세기 전 고향 강은 매년 봄장마를 치렀다. 한길도 넘는 되는 어마어마한 얼음장을 강가에 옮겨놓았다. 그즈음 늦가을에 양쪽 마을 사람들이 여울목에 놓았던 섶다리는 황토물이 밀고 가다 강가에 걸쳐놓으면 아랫마을 사람들은 다릿발이나 상판에 놓였던 나무를 주어다 땔감으로 사용했다. 우리 집에 들른 걸인이 절대 빈손으로 나가게 하지 않으셨다. 비록 가진 것 없어도 인정 많은 어머니가 어려운 사람과 식량을 나누었듯 땔감이 풍요로운 윗동네가 아랫동네에 베푸는 소박한 나눔이었다.

얼굴을 인식할 나이에 채 보름도 함께 하지 않아 떠올리려 해도 운무에 쌓여 보일 듯 말듯 멀리서 어른거리는 산이 아버지라면 자식을 위해 끝없이 흐르며 평생을 바치셨던 어머니는 동적動的인 강이었다. 생명의 시원이자 젖줄인 강은 잠시 머뭇거려도 계속 흘러가야 한다. 그런 강은 어떤 대상이든 요구하는 게 없다, 남편이나 자식처럼 가는 길을 막아서고 아무리 힘들게 해도 언제 그랬냐는 듯 당신은 조건 없이 내주고 노을이 곱게 물든 바다에 안겨 흔적조차 남기지 않았다.

강이 좋고 고마운 것은 예나 지금이나 한결같다. 내 어머니가 단 한 번 품었던 모진 마음으로 강둑에 올라섰을 때와 학교에 낼 돈이 없어 몇 번이나 집으로 돌려보낼 때, 원망 가득한 마음을 손짓하여 부른 곳도 강이요, 그러면 안 된다며 다독이며 마음을 풀어준 곳도 강이었다.

이순 후반의 나이인데도 그리워지고 풀어야 할 게 있으면 강을 찾는다. 강둑에 서면 어머니가 보인다.

동상동몽

대명사 '우리'가 붙었다. 같은 꿈을 꾸는 사람들이 그 꿈이 실현될 때까지 함께 하는 게 어디 쉬울까, 머리가 절로 도리질한다. 현실은 동상이몽이 맞다. 하지만 가야금 독주회 타이틀은 《동상동몽》이다.

몇 해 전, 그녀의 독주회 《인연》은 가히 충격이었다. 기존의 고정관념을 산산 조각내는 파격적인 공연의 흥을 다시 느끼고 싶어 공연장을 찾았다. 타이틀과 연주곡에 관한 상세한 설명으로 궁금증이 풀렸다. 예측했던 '우리'라는 개념은 스케일부터 달랐다. 함께하는 동인이 아니고 민족이었다. 가얏고 스물다섯 줄을 퉁기고 뜯던 연주자의 가냘픈 손가락은 언제인가 하나가 될 민족을 터치했다. 가슴이 쿵 하고 내려앉았다.

여덟 명 제자와 협연하는 〈출강〉의 여는 무대는 마치 다듬잇돌에 이불 홑청을 놓고 두들기던 어머니의 방망이 소리처럼 리드미컬하게 가슴을 울렸다. 현의 울림이 이렇게나 컸던가. 사제가 연주하는 조화된 화음은 공명이 되어 공연장을 날아다닌다.

오래 간직하고 싶어 사진을 찍고 싶었지만, 모든 관객은 연주에 귀를 열었을 뿐 앞서는 이가 없기에 카메라만 만지작거렸다. 제자 중에는 지인의 자제도 있었다는 사실은 공연이 끝나고 팸플릿을 보고야 알았다. 미리 알았더라면 알은체라도 했을 텐데 아쉽다.

연주곡 〈꽃피는 봄날〉은 제목 그대로의 느낌이다. 나풀나풀 꽃을 찾는 나비의 날갯짓에 하르르 떨어지는 벚꽃의 화우 같은 경쾌하고 맑은 가락이 공연장을 가득 메웠다. 얼마 전, 전혀 예측하지 못한 일로 묵직하게 가슴에 매달렸던 첫 덩어리 하나 툭 떨어진다. 이제야 살 것 같다.

이어지는 연주곡은 오늘의 주제인 동상동몽과 맞아떨어지는 〈비상천리飛床千里〉이다. 이 곡은 북한의 연주곡인데 원곡이 손상되지 않는 선에서 박호진의 편곡으로 송정언이 연주하였는데 장중하되 지나치게 무겁지 않았고 맑았지만 결코 가볍지 않았다. 눈을 감고 연주를 감상하다 보니 마치 눈발이 흩날리는 날 고향을 찾아가는 나그네가 된 내 모습으로 그려지기도 했다.

특별 출연의 두 남녀무용수에 정신 줄을 놓았다. 〈광교적설光敎積雪〉이란 타이틀의 공연인데 춤이 이렇게 매혹적이라는 사실을 그날 처음으로 느꼈다. 무용수의 아름다운 인체 곡선미와 동적인 몸짓에 숨이 턱턱 막힌다. 달리 표현할 길이 없다. 춤을 모르는 문외한에게도 이런 감동을 준다는 게 신기했다.

진주조개가 몸속에 파고든 핵에 수십만 번의 물질을 바르고 입혀 진주를 만들 듯 무엇을 얼마나 덧칠을 하였기에 저리도 가슴을 파고드는 간절한 그리움이 되었을까. 오랫동안 함께하며 일렁이는 주고받은 마음들이 녹아들어 앙금이 된 것이 아닐까. 그렇기에 그것을 떠올려가며 그리워하는 게 하는 것이리라. '그리움'이란 타이틀의 곡조는 한결 더 애절했다. 메마른 가슴에 단비처럼 촉촉하게 스며든다.

땀과 혼이 녹아들어 울림을 동반한 송정언 가야금 연주가 품위 있고 맛깔스러운 고급 한정식이라면 기타와 피아노 드럼 가야금의 협연은 현대인의 입맛을 겨눈 달콤새콤 매콤한 퓨전 음식이었다. 독주회의 백미는 아는 만큼 들린다는 말에 걸 맞는 귀에 익숙한 백만 송이 장미와 "베사메 무쵸"이다. 신명이 나니 몸이 반응했다. 손뼉을 치다보니 어깨와 엉덩이도 덩달아 들썩였다. 분위기를 눈치챈 연주자가 앙코르를 받아주겠다는 화답은 금상첨화였다. 가만있을 리 없는 관객의 연호와 박수가 장내에 가득했다. 몇 곡의 트로트 메들리로 청중은 한껏 달아오르는데 아쉽게 닫는 무대를 알린다.

예술의 길은 험난하다. 음악이든 글이든 사람의 마음을 움직이며 감동을 주는 게 어디 쉬우랴. 가냘프고 하얀 저 고운 열 손가락에 굳은살이 박히고 나서야 가야금 현을 신들린 듯 뜯었고 그런 변화무쌍한 가락에 관객은 울고 웃었다.

가야금을 섬세하게 연주하는 것이나 글을 쓰는 손가락은 같다. 하지만 음악은 귀만 잠시 내줘도 감동인데 이십 년 가까이 글을 썼지만 독자의 마음을 의지대로 농락하지 못한 탓에 가슴에 녹아들어야 하는데 엉뚱하게 겉돌고 있다. 그나마 울면서 쓴 글을 읽는 독자가 웃지 않는 것만으로도 다행이라 여길 정도니 가야 할 길은 아직 요원하다.

연주회 타이틀 동상동몽의 본질은 같은 꿈을 꾸는 사람들이 이념도 사는 곳도 다르지만 꿈을 이룰 때까지 함께한다는 의미이지 않은가. 단기간에 성사될 가능성은 없지만 언젠가는 길이 열리고 뜻이 통하는 이들이 서로 마주 보며 공연하는 날이 오리라 믿는다. 꿈의 무대라 불리는 뉴욕 카네기홀에 당당히 섰던 송정언 연주자가 북한 연주자들과 〈비상천리〉를 협연할 기적 같은 날을 고대해본다.

한껏 취한 가야금 가락에 발걸음이 춤을 춘다.

허리를 말하라면

젊은 여성의 로망은 군살 없는 가는 허리다. 한쪽 팔에 쏙 안길 수 있는 그런 잘록한 허리는 남자의 끈끈한 눈길을 끌기에 충분하다. 이성간 사랑이 뜨거워지면 남자의 팔이 자주 찾는 곳이며 여자가 좋아하는 남자도 빨래판 복근을 앞세운 강한 허리다.

머리와 중요 장기를 떠받치고 하체를 이끄느라 고달프지만 정중하고 깍듯한 예의를 표할 때는 반드시 허리가 동참해야 가능한 일이다. 굽히면 굽힐수록 상대는 흡족해한다. 그렇다고 늘 구부정하게 숙이고 다니면 의욕이 없거나 자신감의 결여로 보여 만만하게 보일 수도 있다.

몸을 움직이려면 허리의 도움 없이는 아무것도 할 수 없다. 김연아의 고난도 트리플 악셀, 리듬체조 손연재의 뛰어난 테크닉과 류현진의 강속구를 뿌리는 힘의 근원지가 허리다. 상대를 유혹하는 웨이브나, 격정적 댄스인 살사, 람바다의 빠르고 경쾌한 스텝과 더불어 무희의 관능적인 엉덩이의 놀림도, 이불 속 부부의 뜨거운 사랑놀이도 허리가 주도한다.

흉추와 연결되어 요추라 불리며 뼈와 연골로 마디마디 연결된 허리 자체는 아무런 힘도 없다. 다만 이를 감싸고 있는 탄탄한 근육과 인대가 앞뒤 좌우의 균형을 유지하며 때로는 강력한 힘을 발휘하기도 한다. 뻣뻣한 허리도 훈련만 잘하면 옆은 물론이요, 앞뒤로 유연하게 굽어지고 젖혀질 수도 있다.

직장생활을 하던 삼십 대 중반이었다. 허리통증으로 병원을 가겠다고 외출증을 내밀자 가자미눈을 하던 상사가 마음에 걸렸다. 고통을 참아야 하나, 심기를 건드려도 병원에 가야 하나를 고민했었다.

겉으로 드러나지 않는 요통은 꾀병으로 의심받기 딱 좋다. 정형외과에서 염좌 진단을 받고 약물과 물리치료를 병행했다. 한 달이 넘도록 매일 병원을 드나들었으나 치료를 받을 때뿐 다시 아팠다. 그러다 병원이 한산한 어느 날 물리치료사가 내 귀에 입을 대고 속삭였다.

"아저씨, 젊은 사람이 자꾸 근육 이완제를 맞고 약을 복용하며 허리를 기계로 당기면 건강했던 근육마저 약해지니 제가 알려주는 운동을 해보세요, 이 말을 병원에서 알면 절대 안 돼요, 그러면 저는 쫓겨나요."

병원의 방침에 반하는 물리치료사의 말은 허리와 복근을 강화하는 서너 가지의 쉬운 운동이었다. 직장이든 집이든 틈만 나면 운동을 했다. 참으로 신기했다. 2주가 지나자 확연하게 통증이 줄어들었다. 그 일이 있고 난 뒤 요통으로 병원을 간 적은 없었으며 지금도 무리를 해 허리가 시원찮으면 곧장 운동으로 해결한다.

축구 경기를 할 때도 해설자는 공격이나 수비는 허리가 튼튼해야 한다는 말을 강조한다. 그만큼 팀 경기인 축구에서 허리의 중요성을 강조하는 것이다. 인체도 이곳에 탈이 나면 눕지도, 앉지도, 서 있지도 못한다.

곳곳에 척추 전문병원이 들어선다. 급속히 증가하는 노령인구와 많은 시간을 의자에서 보내며 요통 환자가 늘어나기 때문이다. 최근, 급증하는 추간판 탈출증 환자의 시술이 대부분 불필요하다는 통계가 슬프게 한다. 틀어져 삐져나와 신경을 누르는 연골을 제거해도 재발은 시간문제다. 운동을 통해 근본적 치료를 권하는 병원이 많아지면 좋겠다.

건강한 허리는 바른 자세가 기본이다. 노년이 되어도 가고 싶은 곳에 가려면 당장 자세를 고치고 운동을 해야 한다. 조금만 방심해도 착착 달라붙는 뱃살로 인해 퇴화하는 복근을 단련해 단단한 허리를 만드는 게 쉽지 않지만 꼭 해야 한다.

등과 허리는 위아래에 있지만, 품성도 하는 일도 다르며 이를 자세히 보면 관계의 척도를 가늠할 수도 있다. 가까운 사이는 나란히 있거나 마주하며, 안고 기대는 일에 앞장서는 허리다. 반면에 등은 조금만 불편하면 휙 하고 돌려버린다. 허리에 비해 탄탄하나 뻣뻣하고 소갈머리가 없다.

삶의 무게도 아버지 같은 등이 다 짊어지는 것 같지만 실은 고달픈 어머니 역할의 허리가 감당한다. 자식 같은 입과 손이 저지른 가벼운 잘못은 목이 고개 숙여 해결하지만, 심하면 무릎이 동참해 꿇고, 그것으로 안 되면 엎드림으로 더 낮춰 간절함을 보이는 유순한 허리야말로 하심 그 자체다.

길어지는 수명, 안온한 삶을 책임지는 건 유연하나 강한 허리인 것을.

돌 굴리던 아이

무상교육이 고등학교까지 실시된다는 뉴스다. 상상조차 어려운 처지에서 공부했던 터라 기분이 묘하다. 1960년대, 공부는 잘했지만 입학금이 없어 합격통지서를 찢어가며 울부짖던 친구들이 상급학교 진학을 포기하던 시대를 함께 살았기에 꾹꾹 눌러두었던 아픈 기억이 생생하게 떠오른다.

학창 시절만 떠올리면 너무 가슴이 아파 돌아보기가 싫다. 그때는 푸른 하늘도 온통 회색으로 느껴졌다. 학생은 공부만 열심히 하면 되는 줄 알았다. 하지만 내가 뛰어넘어야 할 벽은 쉽사리 오를 수 없을 만큼 높기만 했다.

아무리 들춰봐도 추억할만한 사진도 없다. 성냥 톨만 한 얼굴이 흑백의 단체 사진에 담겨도 돈을 줘야 했기에 사진사만 나타나면 숨어야 했다. 학교에 내야 할 돈을 제때 낸 적이 없는 형편이라 돈 드는 준비물은 살 수 없어 몸으로 대신했다. 사야 할 게 많은 미술 시간은 정말 싫었다. 창피했지만 복도에서 무릎 꿇고 손드는 벌은 체력단련이라 여겼고 냄새나던 변소 청소도 거듭될수록 별것 아니었다.

첫돌 무렵, 전 재산을 처분해 이상향을 찾아 홀로 부산 감천마을로 떠난 아버지가 원망스러웠고, 열여덟, 열여섯 살 차이 나는 피붙이 둘은 가정을 꾸리며 살았지만, 마음은 있으나 형편이 안 돼서, 한 집은 모른 척 외면한 셈이다. 마흔이 넘은 노산의 넷째 막둥이로 태어났지만 귀여움은 커녕 어려서는 이래저래 치이고 학교에서는 시달리기만 했다.

그 시절 선생님들은 왜 그랬을까. 연중 두어 번의 가정방문을 통해 숟가락이 몇 개인 알 정도로 집안 사정을 빤히 알면서도 가혹했다. 선생님이 집을 방문하면 궁색한 살림에 내놓을 것도 없어 고개도 들지 못하고 죄인처럼 쩔쩔매던 어머니 모습이 지워지지 않는다. 가장 견디기 어려운 치욕은 집으로 돌려보내는 것이다. 돈을 집에 두고 안 낼 사람이 어디 있겠는가. 그걸 알면서도 모질게 대했던 도깨비 같은 선생님은 지금도 잊히질 않는다. 상처 없고 고비를 넘기지 않은 생이 없다지만, 배려 없이 던진 말 한마디가 평생 상대를 아프게 할 수도 있다는 걸 알았다.

교정을 나서는 발걸음은 천근만근이나 쪼르르 집으로 달려갈 수는 없었다. 사실, 집에 가봐야 쪼그라진 양재기에 말라붙은 밥풀떼기 몇 알을 앞에 둔 채 늘어져 자던 누렁이만 꼬리를 흔들며 반길 뿐 밭일 간 어머니는 그림자도 못 찾을 시간이다. 사춘기의 무안함은 분노로 변했지만 어머니 마음을 잘 알기에 어디서 시간을 보내야 할지를 찾아야 했고 그런 나를 받아주던 곳은 굽이굽이 흐르는 주천강이요, 오르기 쉬운 산이었다.

잘록한 여인네의 허리 같은 주치재에서 산으로 올라서면 초입에는 침식된 바위의 부산물인 굵은 모래가 많아 미끄러웠다. 그런 길을 따라 쌍봉낙타 등 같은 설구산은 긴 능선으로 이어졌고 좁다란 산길을 오르다 보면 까마득한 낭떠러지 아래는 강물이 쉬었다가 듯 빙빙 돌아나가는 용소꼽이라 불리는 소沼가 있었다. 벼랑 위에서 시퍼런 강물을 내려다보며 서너 번 뛰어내리고 싶은 충동도 느꼈지만 애옥살이의 어머니 가슴에 대못을 박을 수는 없었다.

분풀이 대상은 손쉬운 것을 택했다. 꽉 막힌 가슴을 풀어내려 커다란 돌을 빼내 강을 향해 굴렸다. 돌은 엄청난 굉음을 내며 굴러가다 소나무 밑동을 들이받아 푹 파이게 생채기를 내기도 했고 큰 바위에 부딪혀 몇 개로 부서지기도 했으며, 무서운 속도로 강물에 뛰어들며 커다란 물보라를 일으키기도 했다. 순간이지만 통쾌했다. 꽉 막혔던 숨통이 트였다. 하지만 잠시였고 눈앞에 어른거리던 집으로 보낸 선생님 얼굴이 견디기 어려운 압박으로 어깨를 짓눌렀다. 집으로 돌려보낼 때마다 얼마나 많은 돌을 굴려는지 모른다. 그때 느꼈다. 무심한 듯 유유히 흘러가는 강물은 모든 걸 품어준다는 사실을.

흔히 '가난은 불편할 뿐 죄가 아니다.'라고 말하지만 나에게는 불편한 정도를 훨씬 넘어섰고 손도 써보지 못하고 맥없이 바라보며 피붙이를 떠나보냈으니 죄이기도 했다.

학창 시절 뼈저리게 겪었던 곤궁함의 후유증으로 자식이 손만 내밀면 돈을 쥐여 줬다. 나중에 안 일이지만 아무래도 제 부모 주머니를 과하게 털어간 것만 같다. 없는 것에 한 맺힌 아비의 과유불급이었음을 느낄 때는 두 아이가 이미 졸업한 뒤였다.

이순 중반을 넘어 지난 삶을 돌아다보니 가슴 아파하면서 돌을 굴리던 시절이 마냥 힘들고 나빴던 것만은 아니었다. 가난의 굴레에서 벗어나려 이 악물고 공부해 상위권에 머물렀다. 졸업 후에는 어디서나 부지런하다는 말을 들었고 아끼는 습관은 절로 길러졌으며, 성실함의 잣대인 "언행일치"도 일찍 터득해 머무는 곳마다 인정받았다.

평생 열심히 살았기에 물질적 결핍으로 인한 불편함은 없고 노후도 무난하다. 살면서 남을 멸시하지도 않았고 가시 돋친 말로 남의 가슴에 못을 박지도 않았다. 바람이 있다면 이 시대에도 강을 향해 돌을 굴리고 싶을 정도로 가슴 아픈 청소년이 있다면 그들을 위무해주며 적으나마 도움의 손길을 주고 싶다.

터질 듯한 가슴으로 돌을 굴리지 않았다면 지금의 나는 없다.

설운리의 당신

태어난 곳도 자란 곳도 아닌 그곳이 그립습니다. 열다섯 살 나이 차로 십여 년간 살갑게 쌓은 정이 그리움의 본질인 듯 싶습니다. 봄이 오니 당신이 계신 살미면 설운리가 더욱 그립습니다. 친필로 써주신 덕담을 읽어보며 당신의 흔적을 더듬어도 설운리만 못합니다.

짧은 시간 사랑할 수는 있지만 정이 들지는 않습니다. 오랫동안 부대끼며 이해하며 일렁거리는 감정의 물결로 만들어낸 산물이 정입니다. 당신을 보낸 일 년여의 세월로 슬픔은 조금 옅어졌지만 그리움은 그대로입니다. 지금도 가게 문을 열고 '동생 나왔어.'라며 들어서실 것만 같습니다.

수필가 이재부 선생님. 당신과의 인연은 18년 전, 모 대학 부설 수필 창작반이었습니다. 초등학교 교장으로 정년퇴임 한 당신과 인생 이모작을 막 시작한 제가 만난 것입니다. 수필공부를 시작할 때 대부분이 그렇듯 켜켜이 쌓였던 가슴 시린 가정사를 풀어낼 때면 어린 나이에 부모를 여윈 아픔을 간직했던 우리는 공감의 눈물을 흘리며 보듬고 도닥였습니다.

"얼굴은 모르지만 보름달이 뜨면 달 속에서 어머니를 찾으며 사춘기를 보냈다. 어머니 없는 내 가슴은 항상 겨울처럼 차가웠고 빈 가슴은 아버지의 사랑만으로는 채워지지 않았다."라는 당신의 작품〈월벽〉을 낭송할 때와 가족을 버리고 떠난 제 아버지를 그린 〈섶다리〉를 낭송할 때, 다섯 살에 어머니를 여윈 당신과 아버지 없이 자란 저는 서로를 위무하면서 정을 쌓았습니다.

훤칠한 키에 친근한 인상이었던 당신은 올곧은 성정에 다정다감하셨습니다. 평생 교직을 천직으로 여기며 자칫하면 탈선할 수 있는 결손가정 학생을 보듬었고, 그 학생이 성장해 군대에 가면 전방까지 면회를 가셔서 하룻밤 재우고 용돈까지 쥐여 주셨지요. 그런 사연을 가진 제자들과 주고받은 5,000통의 편지가 당신의 제자 사랑을 가늠케 했습니다.

문학에서도 당신은 빛이 났습니다. 통찰에 이은 깊은 사유의 작품을 창작하셨고 2006년 수필가로, 이듬해 시인으로 문단에 발을 내딛고《백팔번뇌》외 두 권의 수필집에《바람의 언어》외 한 권의 시집과 제자들과 나눈 편지를 엮은《사랑하는 사람아》를 상재했고 두 권에 달하는 유작을 남기셨습니다.

마음이 따뜻하셨던 당신은 단풍이 들 때면 참외보다 더 때깔 고운 모과를 가지째 꺾어 오셨습니다. 가게 안은 온통 모과 향으로 진동했고 곱게 물든 이파리는 이듬해 가을까지 진열장에서 기다려주었습니다.

정담 나누길 즐기셨던 당신은 봄꽃이 피면 피어서, 날이 더우면 더워서 가을이면 선선해서 날씨가 좋으면 좋아서 비가 오면 비가 와서, 철따라 날씨 따라 이런저런 구실로 몇몇 문우를 소집해 밥을 사며

"늙은이는 지갑을 잘 열어야 젊은 사람이 놀아준단 말이야."라며 껄껄 웃으시곤 했습니다.

붉은 벽돌로 손수 지은 40년이 지난 이층집 옥상은 당신의 농장이었습니다. 봄이면 상추와 파를 씻어 비닐봉지에 꼭꼭 눌러 담고 양념 쌈장까지 만들어다 주며

"난 말이야 상추에 실파를 얹어 쌈 싸 먹는 게 제일 맛있어, 동상도 그렇게 먹어봐."라며 권하셨습니다. 그 외도 가게서 혼자 밥 먹는 동생을 위해 친척이 짜다준 들기름이며 좋아하는 반찬이 있으면 싸 들고 두 시간이 넘는 거리를 걸어오셔서 "운동 삼아 슬슬 왔어." 라고 하셨지요. 그 깊은 사랑과 따뜻한 마음을 세월이 간들 제가 어찌 잊을 수 있겠습니까.

알뜰살뜰 친동생처럼 보살피던 당신은 경조사에 관해서도 경륜에서 얻은 지혜로운 답을 주셨습니다. "잘 모르는 사람이라도 경사는 연락이 오면 가고, 애사는 연락이 안 와도 알면 가는 게 좋아, 살아보니 내가 부조한 사람도 다 안 와, 대신에 내가 부조를 안 한 사람이 해, 세상은 둥글둥글 사는 거야." 이 말씀을 듣고 곧 실행에 옮겼지요.

인생을 잘 산 사람은 가까운 사람에게 인정받는 거라 말씀하시던 당신은 가장 가까운 가족에게 존경받으며 사셨습니다. 밖에서 잘 모르는 사람에게 좋은 사람으로 인정받기는 쉽지만, 속속들이 잘 아는 사람에게 인정받기란 어렵고 어려운 일이지요. 어디에 계시던 어른으로서 본을

보이며 양초처럼 세상을 밝히셨기에 떠나시던 그 날도 많은 이가 눈물로 배웅했고 세월이 흘러도 흔적을 더듬으며 그리워하는 것입니다.

봄이 무르익는 날, 당신이 잠든 설운리를 찾았습니다. 그리워한다는 것은 가슴에 간직한 사랑을 외로움으로 우려내는 일입니다. 이 절절한 그리움의 본질은 오래 묵히고 인내하며 단련된 사랑을 아낌없이 주셨던 당신이었습니다. 그 큰 사랑이 이별의 상처가 된 지금, 자격은 안 되지만 당신을 조금씩 흉내 내며 살고 있습니다.

당신이 하셨던 것처럼 저도 당신의 선친 묘소에 있던 잡초를 뽑아냈습니다. 파란 잔디도 당신의 따뜻한 손인 양 더듬어 보았습니다. 제 슬픔을 아는지 모르는지 뻐꾸기가 구슬프게 울어댑니다.

태선 씨

이보다 더 경황없는 일이 있을까. 굴곡진 인생 여정이라지만 이럴 수는 없다. 세상이 몇 번 바뀔 만큼 세월이 흘렀지만 떠올리면 황망하다. 남이야 할 만큼 했고 어쩔 수 없다지만 당신은 죄인의 심정으로 살아야 했다.

"누님, 어머니가 위독해요."

삼십여 년 전, 친정 남동생의 급보다. 오직 빨리 가야겠다는 것뿐 머릿속이 하얗다. 허둥지둥 역으로 달려가는 그녀는 집에 도착하기도 전에 운명하실 것만 같다. 빈농의 4남매 중 맏이라 상급학교는 남동생들에게 양보해 더 속을 끓였던 친정엄마다.

예미역에서 곧장 택시를 타고 친정으로 덜컹대며 달리는 차 뒤를 까만 석탄 먼지가 저승사자처럼 따라붙는다. 불길하다. 왠지 임종을 못 할 것 같아 바작바작 입술이 타들어 간다. 살길을 찾아 대처로 나온 뒤 고만고만한 아이들 넷에 시어머니까지 모시느라 친정걸음 한 지가 언제인지 기억조차 없다. 그런 생각이 들자 억눌렀던 설움이 치밀어 오른다.

친정엄마는 매우 위중했다. 식도암이라 물 한 모금 넘기지 못하는 와중에 앙상한 뼈가 드러난 손으로 큰딸의 손을 잡고 거친 숨을 몰아쉰다. 초점 없는 눈을 마주치자 뭐라 입술은 달싹거려도 알아들을 수가 없다. 점점 애만 탄다.

"오늘 밤 넘기기가 어렸겠다."라는 큰어머니의 말씀이 그렇게 야속했다.

악재는 겹친다 했던가. 엎친 데 덮친 격이다. 친정에 온 지 하루 만에 날아든 남편의 전화를 받고 아연실색했다.

"조금 전 어머니가 돌아가셨어."

이 무슨 청천벽력인가. 퇴행성관절로 무릎은 불편했지만 나름 정정하셔서 3주 전에 조촐한 고희연을 해드렸고, 집을 비워도 끼니는 해결하실 수 있어 친정에 온 건데 눈앞이 깜깜했다. 가슴은 방망이질하는데 갈피를 잡을 수가 없다.

시어머니가 돌아가셨으니 당장 나서야 하지만 촌각을 다투는 친정엄마를 두고 떠나야 하는 현실이 암담해 눈물샘조차 막혔다. 돌아서면 다시는 못 볼 것 같아 미적거리자 동생들이 야단이다.

"누님, 사장어른 돌아가셨는데 얼른 가셔야지, 왜 그래요. 여기는 우리가 있으니 빨리 가세요."

어렵게 살다 보니 잘해 드리진 못했지만 나름 성심껏 모셨는데 하필 당신이 집을 비운 사이에 돌아가시다니 비통하고 죄스러웠다.

시부의 부재로 억척스레 4남매 키우느라 성격은 괄괄해지셨지만 속정은 한없이 깊은 시어머니셨다. 그런 어른이 싱크대에서 아침준비를 하다 쓰러져 말 한마디 못하고 눈을 감은 게 한이 되었다. 당신만 집에 있어도 절대 그럴 일이 없었을 거라는 생각이 들자 친정엄마의 위중함마저 원망스러웠다.

급작스레 어머니를 잃은 시누이며 시숙, 시동생이지만 누구도 태선 씨를 원망하지 않았다. 그동안 진심으로 모셨다는 것을 잘 아는 데다 위독한 친정엄마로 인한 일이기에 다들 운명으로 여겼다.

정신없이 장례와 삼우제를 모시고 한숨 돌리는가 싶은 나흘 뒤 친정엄마는 끝내 예순넷의 한을 가슴에 결로 새기고 끈을 놓으셨다. 그것도 설 명절을 엿새 남기고.

시어머니를 모신 햇수는 14년이다. 시숙의 요청으로 시골집을 팔아 합치셨지만 한 달도 안 돼 갈등은 불거졌다. 고심 끝에 오갈 곳 없는 시어머니를 모시기로 할 때는 단칸의 신혼이었다. 대궐 같은 남편 외가의 안채와 달리 손바닥만 한 방 하나에 부엌이 딸린 돼지우리 같은 집에는 삶이 고단한 여덟 가구가 연탄가스를 마셔가며 살았다.

구멍이 숭숭 뚫린 콘크리트블록으로 지은 벽에는 겨울이면 하얀 성에가 끼고 윗목의 물은 얼었다. 그런 집에서 섣달 초 태선 씨는 큰아이를 낳고 남의 살점 하나 없는 희멀건 미역국으로 젖을 불려야 했다.

막일하는 남편은 고단한 몸과 변화 없는 생활을 술로 달래다 보니 가끔 집에서 큰소리가 났다. 팍팍한 도심에서 스물 서넛의 새댁이 시어머니에 철부지 시동생, 갓난아이까지 마치, 십 년 같은 긴 한 해를 복작대며 보내느라 어둠이 살라 먹은 마당귀에서 입술 깨물며 삼킨 속울음은 그 얼마일까.

워낙 천성이 고운 태선 씨는 시어머니와 형들처럼 절대 안 산다며 제 배 먼저 채우던 밉상 시동생까지 성심껏 봉양하고 거뒀다. 게다가 몇 해 동안 시부 제사를 지냈다. 손 위가 있는데 왜 제사까지 지내냐며 입을 내밀 수도 있지만 그런 내색은 없었다.

돌아가신 시모의 나이가 지났지만 항시 생전에 더 잘해 드리지 못한 게 죄스럽다는 태선 씨는 평생 쌓은 공덕으로 딸 아들 4남매 모두 잘산다. 늘 형수가 고맙다는 시동생이 명절에 과일 짝이라도 들여 주고 어쩌다 밥한 끼 대접하면 자식들에게 꼭 전하곤 한다. 그러면서 부탁의 말도 잊지 않는다. "니들은 작은아버지한테 잘해야 한다."

아직도 매년 김장을 한 통씩 보내주는 태선 씨는 평생 쌓인 인연 빚을 갚아야 하는 환갑이 지난 시동생인 나를 보면 지금도 가슴이 짠하단다.

내가 더 잘해야 할 이유다.

장갑

마주치면 가슴이 먹먹해지고 목울대가 뻐근해지는 물건이 있다. 수없이 마주쳐도 느낌이 같다면 분명 가슴 깊이 그리워하는 사람이 있게 마련이다.

어머니와 장갑

찬물에 손 넣는 날이 많은 늦가을이면 내 엄지손톱 양옆이 갈라진다. 수시로 핸드크림을 바르며 관리해도 아물지 않고 아파지면 나보다 몇 곱절은 더 심했던 오십여 년 전의 어머니가 보인다.

두 살 때 집을 등진 아버지. 머리가 커서 집을 떠난 형들, 이런저런 연유로 모두 떠난 큰 집에는 마흔 하나에 낳은 약골인 나와 어머니만 남았다. 맨손으로 가을걷이를 끝낸 어머니의 손마디 마디는 쩍쩍 벌어져 벌건 속살을 내보였다. 홀로 비알 밭에 짓는 강냉이 농사만도 힘겨운데 산에서 땔감을 해 나르는 등 끝이 보이지 않는 집안일로 손은 거칠 대로 거칠어졌었다.

갈라진 어머니의 손을 보면 마음이 너무 아팠다. 하지만 열 살도 안 된 내가 할 수 있는 것은 소나무 송진을 따다 아궁이 불에 녹여 벌어진 손마디에 밀어 넣고 창호지를 붙여 드리는 것뿐이었다. 아버지 없이 자라는 내가 가엽다고 이불속에서 껴안고 도닥이던 손길로 이불이며 내 속옷은 군데군데 송진 꽃이 피기도 했었다.

김장을 하는 날이면 어머니의 고통은 극에 달했다. 갈라진 손가락 마디 사이로 맵고 짠 양념이 들어갔으니 얼마나 따갑고 화끈거렸을까. 그날은 밤새 방문 여닫히는 소리를 잠결에 들어야 했다.

나는 평생 장갑을 낀 어머니 손을 보지 못했다. 그래서 지금도 어머니의 손만 떠올리면 슬퍼진다.

하얀 면장갑

차에 두고 매일 만져보는 하얀 장갑이 있다. 보관한 지 700여 일이 지났다. 남들이 알면 참 별난 사람이라 할 일이다. 혈육은 아니지만 열다섯 나이 차에 십여 년 동안 깊은 정이 들었다. 수필 공부를 함께하면서 어머니 없이 자란 당신과 아버지 없이 성장한 나의 아픈 과거를 글을 통해 교감하면서 동병상련으로 지내다 보니 친동기간보다 더 살뜰히 챙기는 사이가 되었다.

"늙는다는 것은 몸도 마음도 굳어지는 병."이라고 늘 말씀하시던 당신은 화장실에 가 있는 시간이 길어지고 오줌발이 약해져도 나이가 들어 그런 줄 알았다. 그분께서 갑자기 병세가 위중해지고 두 번째 문병을 갔을 때는 이미 얼굴조차 몰라볼 정도였다. 서울에 있는 큰 병원으로 가신 지 채 한 달이 안 돼 차디찬 버스 바닥에 홀로 누워 살던 집을 둘러보고 목련공원으로 가셨다.

어머니 사후에 가장 큰 고통이었다. 고인을 위해 아무것도 할 수 없는 무력감이 더 힘들게 했다. 마지막 가시는 길 운구를 위해 장갑을 받았다. 선과 악이 공존하는 부끄러운 내 손을 가리기 위해 하얀 면장갑을 꼈다. 당신의 관을 들고 채 서른 발자국도 안 되는 거리를 걸으며 수없이 되뇌었다. '선생님이 제게 주신 정 절대 잊지 않겠습니다.' 돌아서기 전 장갑을 낀 손으로 당신이 누운 관을 한 번 쓰다듬었다.

내 차 운전석 문짝 포켓에는 그 장갑이 들어있다. 그분의 마지막체취가 남아있기에 빨면 날아 갈까봐 때가 끼었어도 그대로 보관한다. 앞으로도 그럴 것이다.

사랑했던 사람이 다시는 올 수없는 길을 떠나면 체취가 남아있는 물건이나 그분이 필요로 했던 것들이 생생한 영상으로 남아있어 더없이 소중하게 느껴지게 된다.

타자에게는 비록 하찮은 물건이지만.

낚시걸이

눈부신 문명의 발전과 철학에 눈뜬 결과이다. 토속신앙이며 조상숭배와 종교에 대한 급격한 인식변화이다. 거스를 수 없는 시대적 바람이니 무슨 힘으로 막을 수 있을까. 우리 고유의 명절에도 영향을 끼쳤다.

조상을 기리는 제사와 벌초에 대해서도 해가 다르게 변하고 있다. 가족이 모여 음식을 만들고 정담을 나누던 명절은 옛이야기가 되었고 음식도 제수용으로 조금 하든지 시장이나 마트에서 사다 쓰기도 한다. 게다가 한술 더 떠 여행을 가는 인파가 늘어나는 추세다.

몇 해 전부터 부모님 제사를 합쳐 지내자며 슬슬 군불을 지피던 맏며느리가 아예 부모님 제사를 그만 지내잔다. 설 명절이라 음식을 나누던 참이다. 자식이 시퍼렇게 눈 뜨고 있는데 무슨 소리냐며 시동생이 발끈하자 돌풍이 몰아치듯 격한 감정을 토해냈다.

"맏이라 몇십 년 제사를 모셨지만 좋은 게 뭐가 있냐고."

탓은 여기도 통했다. 근래에 일어난 변고가 모두 조상 탓이라 여겼다. 고희를 넘겨 아픈 곳은 늘어나고 제사가 귀찮고 번거로운 데다 왜 맏이만 짐을 져야 하는가에 볼이 부었던 며느리는 젊은 포교사의 말이 귀에 쏙 박혔다. 그래 바로 이거라며 무릎을 쳤다. 번거로운 제사를 대물림하기 싫은 차에 상의 아닌 결정을 손아래 피붙이에게 통보했다. 부아가 치밀었으나 이미 판세는 가려진 셈이다.

등은 잔뜩 굽고 절뚝거리는 안짱다리 안노인을 모아놓고 낚시걸이 하던 두 명의 사십 대 남녀 몰이꾼은 두루마리 화장지와 키친타월을 미끼로 매달았다. 얼마나 그곳을 쫓아 다녔는지 작은방 한쪽이 가득 찼다. 그뿐이랴 매번 모일 때마다 주전부리며 가격은 헐하나 덩치 큰 생필품을 안기다 보니 먹구름만 껴도 온몸이 아플 것 같은 노인들은 가슴에 쟁여놓은 근심 걱정을 탈탈 털었다.

패가 아주 좋았다. 영락없는 꽃놀이 패다. 그들이 써먹기에 딱 좋은 '제삿밥 못 먹는 조상'을 팔며 어루꾀었으니 안 걸려들 사람이 어디 있을까. 기껏 알아봤자 위로 삼대요, 그 위는 알려고도 않지만 알 수도 없다. 설령 상관없다 해도 먹은 놈이 물켠다고 일 년여 이것저것 받아먹은 얼굴 얇은 중생은 알면서도 던진 미끼를 물 수밖에 없었다. 위패를 절에 모시면 일 년 내내 공양을 올리고 가정의 평안을 발원하기에 우환이나 근심 걱정은 사라지고 자손은 승승장구한다는 사탕발림도 한몫했다.

거둬들인 들인 결실은 풍성했다. 어른 손바닥만 한 신주를 모시는데 170만 원, 유골함을 모시면 위치에 따라 700만 원~1천만 원이라니 두루마리 화장지, 키친타월 가격의 몇십 배는 튀긴 셈이다.

합동으로 위패를 봉안하는 날, 자식은 반드시 참석해야 한다기에 장마당에 팔려 가는 소처럼 마지못해 끌려갔다. 함께한 사람이 족히 60~70명은 될 것 같은데 우리 가족 외는 머잖아 당신의 위패를 모셔야 할 것 같은 할머니뿐이다. 옷차림만 봐도 사는 정도가 가늠되었다. 절로 한숨 소리가 새어 나온다. 이런 정도이니 젊은 바람잡이가 떡 주무르듯 했으리라.

도통 알아들을 수 없는 염불 소리만 향내 가득한 경내를 뱅뱅 돈다. 목탁 소리에 맞춰 연신 허리를 굽히며 비손하는 노구들은 무엇을 기원하고 있을까. 당신이 세상을 힘겹게 살 수밖에 없었던 것이 모두 조상 탓으로 돌리는 건 아닐지. 머릿속이 복잡하다. 괜한 짓을 했다는 생각뿐인데 속 모르는 그네들은 이런저런 구실에 바구니를 돌리며 대여섯 번이나 지갑을 털어갔다.

저들이 말하는 것처럼 조상들이 신주를 찾아와 공양을 받고 기도에 화답하실까, 두어 시간 진행된 합동 봉안제가 끝나자 낚시걸이 꾼은 이제 아무 걱정 말고 집에 가서 잘 지내면 된다며 등을 떠밀었다.

호기심으로 주역을 이태동안 공부한 적이 있다. 인간의 운명을 관장하는 사주는 통계이고 과학이라 하지만 무시할 것도 너무 과신해서도 안 된다는 게 지론이다. 집에 우환이 따르고 하는 일이 꼬여 답답해지면 찾는 곳이 철학관이요 점집이다. 이만큼 살다 보니 얼치기이지만 관상을 보면 그 사람의 성격이나 살아 온 생이며 사는 정도가 보인다. 내가 이 정도이니 업으로 하는 사람이 보면 얼마나 잘 보일까. 근심 걱정이 더께로 쌓인 얼굴만 봐도 단박 알아채고 미끼를 던져 낚시걸이를 하지 않던

가,

날이 갈수록 범죄가 지능화된다. 오죽하면 경찰에 지능범죄수사대도 있지 않은가. 무시로 범죄예방을 위한 홍보와 단속을 해도 더욱 과감해지고 정교해지는 게 범죄이다. 남을 속여 자신의 이득을 취하려고 드는 사람은 그쪽 방면으로는 머리가 아주 명민하다. 부동산 사기 주가조작 보이스피싱 가짜 약장사 등 이들은 그럴싸한 말이나 허위 정보를 미끼로 써서 낚시를 한다. 어리석고 모자라서 범죄에 걸려드는 것만은 아니다. 피해자 중에는 의외로 지식인이 많다는 사실은 무엇을 뜻하는 것일까.

남을 등치는 사람이 사라졌으면 하는 바람이지만 그 역시 불가하다니 안타깝다. 세상사 모두가 남 탓 아닌 내 탓인 것을.

4부

미욱한 어미

아내의 장갑

하찮은 물건을 소중하게 보관한다는 것은 분명 이유가 있다.

마흔 살 나이가 머지않다. 그 시절, 오십 원짜리 동전 하나면 충분했다. 몇 번의 이사를 하며 쓸모없는 살림을 정리했지만 늘 그 자리에 놓여 있다. 혹여 없어지기라도 할세라 안방 문갑 서랍에 있는 물건은 손대면 금방이라도 바스라질 것 같은 묵정이다. 하얗고 곱던 모습은 오간 데 없고 누렇게 바랜 데다 때까지 끼어 꾀죄죄한 몰골이다. 사람이나 물건이나 세월을 비껴가지는 못하는가 보다.

하얀 망사장갑을 꼈던 날은 풋풋한 스물다섯 나이로 면사포를 썼다. 장갑 안에 감췄던 부끄럼 많은 신부의 손은 장갑 속에서 십 년 전에 돌아가신 장인어른이 잠시 잡았고 그다음 내가 잡은 셈이다.

뭐든 잘 버리지 않는 아내지만 결혼식에 입고 신었던 옷이며 신발은 그 어디에도 없다. 그런데도 유독 끼었던 장갑만 저리 간직하고 있다. 아내는 잊힐만하면 한 번씩 성혼선언문 위에 있는 장갑을 물끄러미 바라볼 뿐 내색은 없다.

어느 날 시치미 뚝 떼고

“서랍 안에 있는 장갑 버릴까”

말이 끝나기도 전에 아내가 펄쩍 뛴다.

“안 돼요, 절대”

이보다 더 강렬한 의사 표현이 있을까. 가치가 아닌 장갑이 지닌 역사와 상징성에 무게를 둔 아내의 완곡한 표현인 셈이다.

우리 부부의 인연은 예고 없이 불쑥 들이닥쳤다. 직장 친구인 우리 일행은 청주 성안길에서 친구를 만났고 그 옆에는 여자 둘이 있었다. 알고 보니 한 명은 친구의 여자 친구였고 다른 여자는 동료였다. 우연한 기회라 남자 넷 여자 둘은 같이 밥을 먹고 탁구도 쳤다. 피가 뜨겁던 나이인데도 아무런 설렘도 없던 나와는 달리, 첫눈에 이런 사람이라면 결혼해도 좋겠다고 믿은 아내와 단 한 번의 만남으로 가정을 꾸렸다.

예쁜 꽃이 열흘을 못 넘기듯, 불덩이 같던 가슴은 왜 그리도 빨리 식어버리는지. 손을 데일 것 같은 뜨거운 가슴으로 연을 맺었지만 익숙해지면 잘해주는 것은 기본, 눈에 거슬리는 것만 쌓아놓다 사소한 불씨로 싸움이 되기도 한다. 파경은 아니지만 우리도 서너 번 고개를 넘었다.

인간은 자기중심적이며 이기적이다. 나이가 들수록 점점 그 정도가 심해간다. 나 또한 그 범주에 들어있다. 그러다 보니 사람이 변한다는 게 쉽지 않다는 걸 알면서도 서로 상대만 탓하면서 관계를 악화시키기도 했다. 나를 먼저 돌아볼 일인데도.

침대에서 바라보면 잘 보이는 곳에 장갑을 보관한 이유를 어렴풋이 알 것만 같다. 이제는 뵐 수 없는 친정아버지의 체취가 남아있고 잘 살겠노라 다짐하며 두 사람이 꼭 잡았던 장갑이니 어찌 버릴 수 있냐는 마음이다. 어디 그뿐이랴, 살면서 알게 모르게 변해가는 자신을 다독이고 장갑을 낀 채 주례 앞에서 다짐했던 언약을 되새기고 싶은 것 같다. 한편으로 사람이 좋아 밖으로 나도는 나를 보고 결혼 전 약속을 기억하고 지키라는 압력이기도 하다.

타자의 눈에는 한 켤레의 낡은 장갑으로 보이지만, 오랜 세월 아내를 가슴에 품고 도닥이며 살아온 것이나 매한가지다. 피붙이 하나 없는 타관으로 시집와 양보하고 단념하며, 때로는 미움도 원망도 저 혼자 삭히는 답답한 아내의 가슴을 끌어안고 보듬어준 셈이다. 그런 장갑을 알고 나서는 나 역시 많은 성찰의 시간을 가졌다. 이만큼 가정을 꾸리고 살 수 있는 것도 장갑을 소중히 여기는 아내 덕분인 것을.

미욱한 어미

해거름에 산에 올랐다 서둘러 하산하는 길이다. 살아온 세월의 흔적을 얼굴에 깊게 새긴 노 보살이 사색이 되어 팔을 잡는다.

"아저씨, 나랑 법당에 좀 가유."

"왜요?"

"아 글씨 아까 전에 젊은 여자가 법당 안으로 들어가는 걸 봤는디 암만혀도 그 사람이 사체를 두고 간 것 같아유.

순간 머리카락이 쭈뼛 서고 머리가 복잡해졌다. 야멸차게 뿌리칠 수도, 사체를 확인하는 것도 마뜩찮지만, 쉽게 거절할 줄 모르는 나는 보살을 따라 법당에 들어섰다.

그해 겨울 들어 가장 추운 날이라 귀가 떨어질 지경인데 법당 안은 바깥보다 더 춥게 느껴졌다. 영가단 앞에 쌓아놓은 밤색 방석 위에는 담요로 돌돌 말아진 작은 물체가 놓여있다. 섬뜩하다. 엉거주춤 다가섰지만 미동조차 없다. 궁금했으나 쉽게 풀어 볼 용기가 나지 않는데, 속 타는 내 마음을 아는지 모르는지 노 보살은 멀찌감치 떨어져 관세음보살만 찾고 있다.

한참을 머뭇거리다 느슨한 위쪽을 풀자 갓난아기 머리가 쑥 나온다. 까만 머리에 눈을 감고 있는 얼굴이 온통 푸르다. 헉하고 뒷걸음질 치는 몸에는 소름이 확 돋는다. 어쩌자고 갓난아이를 이런 곳에. 당혹스럽고 암담했다. 혹시 하는 마음으로 아이 얼굴에 조심스레 손을 대봤다. 얼음장이다. 절망감에 손을 떼려는 찰나 아이의 작은 입술이 내 손에 닿았다. 부모에게 버림받고 간당거리던 생명의 불꽃이 되살아나는 순간이다.

나는 보살을 향해 "살았어요."라며 소리 질렀다.

급히 열풍기를 가동하고 그 앞에 아이를 두었더니 얼굴에 화색이 도는 아이가 숨이 넘어갈 듯 울어댄다. 배가 고팠나 보다. 법당을 둘러보니 어미가 두고 간 듯한 작은 종이가방이 있다. 안에는 병원에서 챙겨준 분유, 기저귀, 물티슈가 들어 있고 우유병에는 살얼음이 낀 우유가 있다. 중탕으로 덥힌 몇 모금의 우유를 빨던 아이는 다시 스르르 눈을 감았다. 잠든 아이를 보는 마음은 너무도 애잔하기만 했다.

출동한 경찰이 성별 확인을 위해 담요를 벗기고 포대기를 풀어 기저귀를 들추니 여자아이다. 배에는 분홍집게로 집혀진 채 떨어지지 않은 탯줄이 붙어 있다. 어미가 버렸지만 생명의 끈인 탯줄을 매달고 있어 더 짠했다. 매정한 어미는 아이로부터 탯줄만 끊은 게 아니었다. 천륜마저 끊어버린 것이었다.

어둠이 내려앉는 산길을 터벅터벅 걷는다. 자꾸만 아이의 얼굴이 눈에 밟힌다. 대체 아이가 무슨 죄인가. 무서운 세상에 태어난 게 죄라면 죄겠다. 열흘도 안 되는 핏덩이가 영하 10도의 강추위에 법당에서 밤을 새웠다면 여린 불꽃은 꺼지고 말았을 것이다.

아이 생각을 하자니 내 어머니가 그리웠다. 전답에 몸 하나 누일 곳 없이 처분해 떠난 아버지의 가뭇없는 부재로, 남은 다섯 식솔은 극심한 고통을 견뎌야 했다. 어머니는 머리 큰 누나와 형을 돌봄은 물론이요, 첫돌이 안 된 내게 빈 젖을 물리며 이를 악물고 끝까지 품으셨다.

제 목숨을 버리면서도 새끼를 지키려 드는 게 어미인데 무슨 사연이 있기에 저리도 모질게 했을까. 일면식도 없는 어미지만 측은지심이 들었다. 가지 않아도 될 인생길에 준비 없이 들어선 어미도 핏덩이도 안쓰럽다. 그런데도 봄은 오겠지.

합

수많은 한자 중에 가람을 닮은 팔작지붕의 합合자를 좋아한다. 글자의 뜻도 마음에 들지만, 참으로 보기에 안정적이다. 지붕 같은 사람 인人, 하나 일一, 입 구口가 합쳐진 글이다. 합하고 모으고 맞다로 사용되나 나는 합하고 모으는 게 좋다.

N포 세대*가 늘어난다. 연애하고 결혼하는 것도, 자식을 위한 희생도 타자와 함께하는 불편함도 싫단다. 돈만 있으면 홀로 살아도 괜찮다는 생각이 고독한 섬을 양산한다. 이들은 타자와 관계를 맺지 않다 보니 정이 쌓이지 않고 그래서 일렁이는 그리움도 없다. 가슴보다는 머리로 관계를 맺어 등 돌리는 건 시간문제다.

편리함의 추구로 발전한 테크놀로지와 물질 만능주의가 빚어낸 부작용이라는 게 중론이다. 중용, 중도는 기를 못 펴는데 비해 서구학문의 영향으로 고르기와 찍기는 달인이다. 남의 손이 필요치 않으니 굳이 같이해야 할 이유가 없다. 자신을 틀 안에 가두고 혼자만의 놀이에 빠져있다. 혼밥은 물론 그 어렵다는 혼술에 이어 혼자 하는 그 어떤 것도 이상하지 않다고 여긴다.

사실, 복잡한 속내와 개성을 가진 사람끼리 합치려면 걸림돌이 많고 겨우 가까워졌어도 인고의 노력이 없으면 언제든 불협화음은 초래된다. 몇십 년을 살 비비며 살던 부부도 어느 날 갑자기 남이 되는 게 인간관계인 것을. 하긴 합이 쉽다면 굳이 논의하고 추구해야 할 가치이겠는가.

염천의 한낮에 소낙비가 쏟아진다. 펄펄 들끓던 세상을 단박에 가라앉힌다. 이런 날은 마음이 먼저 고향을 찾아 나선다. 장마가 지면 달려가는 곳은 주천강의 합수머리다. 진한 황톳물인 강물에 비해 부엽토를 흘러내린 계류는 연한 갈색이었다. 완연하게 다른 두 물이 합치는 광경은 그야말로 장관이었다.

성급하게 달려드는 계류를 살포시 감싸고 토라진 여인을 달래듯 도닥이는 풍경이다. 서서히 스킨십의 농도를 더해가는 강은 부드럽게 몸을 밀착시키며 은밀히 몸을 섞는다. 주천강과 엄둔천의 합일이다.

강물의 하나 됨은 절대 부딪침이 없다. 그러니 상처를 줄 일도 없다. 우의를 선점하거나 자기 뜻대로 하려고도 않으며 유유자적 흘러가며 상대와 보폭을 맞춘다. 자연이 보여주는 합의 묘수다.

우리나라에서 가장 장엄하게 두 강물이 하나가 되는 곳은 양평의 두물머리다. 강원도 태백의 검룡소에서 발원한 남한강과 북한강이 만나는 곳이다. 몇 백 킬로미터를 흐르며 한껏 덩치를 키운 이들의 첫날밤은 신음이 들리질 않는다. 수많은 계류와 지류를 품어 안은 노련함으로 쾌감을 잠재운 탓이다.

혼인을 앞둔 강은 어머니 마음이다. 요구하는 게 없을 뿐 아니라 오히려 무엇을 해주면 좋을까 하고 고심하는 듯한 두물머리는 사계절 많은 사람을 불러들인다. 이곳을 찾은 사람은 만남이 오래가길 기원한다, 잠시 헤어진 사이라면 간절히 재회를 염원하는 곳이다. 소리 없는 두 강물의 합은 위대한 자연의 본질이기에 다스리지 못한 감정으로 툭하면 갈라서고 반목하는 인간이 본받아야 할 덕목이다.

해가 갈수록 연애도 결혼도 하지 않겠다는 사람과 결혼을 해도 아이를 낳지 않겠다는 3포 세대가 늘어난다. 이런 자식을 둔 부모 속은 까맣게 타들어 간다. 부끄럽지만 우리 아이도 속해 있다. 결혼은 했으나 아이는 낳지 않겠다는 자식을 설득하는 일은 난감했다. 끝없는 설득으로 생각을 조금 돌리긴 했지만 손주를 보는 일은 미뤄야 할 것 같다.

젊은 남녀가 짝을 이루고 자연스레 잉태된 뱃속의 생명이 나날이 변하는 과정을 느껴야 한다. 극심한 산고를 치르고 낳은 아이의 까만 눈동자와 자신을 닮은 아가의 미소를 보며 산다는 것에 대한 행복을 느껴야 함에도 짊어질 희생만 미리 계산한다. 뻔히 보이는 미래에 대한 조언은 잔소리로 치부하고 귀를 닫는다. 이런 부류는 지극히 이기적이라 희생은 언감생심이요, 쉽사리 남을 받아들이지도 인정하지도 않는다.

관계적 동물인 사람은 절대 홀로 살 수 있는 존재가 아니다. 혼자의 놀음에 심취해 때를 놓치면 외롭고 불행한 내일이 반길 것이다. 이런 세대를 위해 어떤 방식이든 함께 소통하며 자연에 순응하기 위해 가족을 이뤄야 함을 설득해야 한다. 장기적인 안목으로 청소년기의 조기교육도 했으면 좋겠다.

각기 다른 길을 흘러온 강이 합쳐 하나를 이루듯 서로 의지하고 정을 나누며 아름다운 자연 속에서 행복을 찾는 것이 인간 본연의 삶이다.

진정한 관계의 합습은 머리가 아닌 가슴을 열어야 가능하다.

*N포 세대: 인생에서 중요한 N개를 포기하고 사는 세대.

동거

정확하다. 시계를 볼 수 있으나 읽을 수 없는데 늘 그 시간이다. 노숙하던 그와 동거한 지 2년이 지났지만 여일하다. 한 침대에서 잔다. 귀찮아 밀어내면 다시 발치에 자리 잡는다. 누구를 탓할 수도 거리로 내몰 수도 없다.

딱 어른 손바닥 크기였다. 하얀 바탕에 목부터 꼬리까지 군데군데 잿빛 털이 박힌 녀석이다. 얼마나 굶었는지 배는 등에 붙은 데다 비를 맞아 더 왜소했다. 혼자 떨어져 우는 걸 보니 어미를 잃었나 보다.

차량 사이를 옮겨가며 겨우 목 안으로 기어드는 소리를 내니 더 가엽다. 혹시나 하는 마음에 "양이야 양이야" 부르며 손을 내밀자 경계는 하면서도 천천히 다가선다. 앞서 부르던 사람은 피하기만 했던 녀석이다.

손에 안긴 고양이는 솜뭉치처럼 가볍다. 세상에 인연 아닌 게 어디 있으랴. 세차게 쏟아지는 장맛비를 다 맞은 채 살려달라고 애원하는 녀석을 외면할 수가 없다. 이 몰골을 목격한 이는 누구라도 측은하게 바라볼 수밖에 없다. 털을 말려주고 허기라도 면하게 해주고 싶었다. 강아지는 사람이 선택하고 고양이는 돌봐줄 집사를 선택한다는 말이 맞을지도 모른다.

고양이를 보는 아내 얼굴은 불편함이 역력했다. 집에는 이미 딸아이가 키우는 소형견 몰티즈가 있었다. 오지랖이 넓어 데리고 왔다고 주장하는 아내와 달리 내 생각은 달랐다.

어머니를 잃은 건 아니지만 고양이와 비슷한 처지가 된 적이 있었다. 객지에서 공부해야 하는 데 가족의 도움을 받을 여건이 아니었다. 서로 돕는 조건으로 우여곡절 끝에 거둘 분을 찾았지만 모든 게 낯선 데다 고만고만한 초등학생이 넷이나 되는 가족과의 동거는 많은 어려움이 따랐었다.

데려온 고양이는 50여 년 전의 내 모습이었다. 타월로 물기를 닦아주고 헤어드라이어로 말려준 다음 애견 통조림을 주니 허겁지겁 먹는다. 배를 채운 고양이 눈이 스르르 감긴다. 잠든 고양이를 살펴보니 오른쪽 수염이 없다. 불에 탄 자국을 보니 누군가 학대를 했나보다.

볼수록 안쓰럽다. 상처받은 고양이는 나를 어미로 알고 졸졸 따라다닌다. 거실에서 잠든 녀석을 두고 침실에서 자고 일어나니 발밑에서 웅크리고 자고 있다. 이렇게 가여운 한 생명을 거두는가 보다.

고양이는 주인에게 충성하지 않는다. 애교를 부리다가도 제 마음에 안 들면 금방 달려들어 물어뜯는다. 시기 많은 애첩처럼 심정 변화가 심하다. 배변은 실수 없이 깔끔히 처리해 신통하지만 영역을 표시하는 발톱 자국으로 소파며 의자와 벽지는 매련 없다.

길고양이를 거둘 줄은 몰랐다. 안쓰러워 데려왔는데 집에서 거두면 13년이라는 평균수명이 부담도 되지만, 그렇다고 고작 3년 사는 길고양이로 돌아가게 할 수는 없지 않은가. 상처받은 고양이라 더 그랬다. 아마도 나를 거뒀던 절약이 몸에 밴 함경도 출신의 아저씨도 내가 필요하면서도 한편으로는 불편하고 부담스러웠을지도 모른다.

통계에 의하면 우리나라의 반려동물 가족이 일천만 명을 넘어섰단다. 반려동물을 기르는 가정이 늘어나는 만큼 유기되는 동물 역시 급격히 증가한다. 제주에는 들개가 출몰해 가축을 해치고 사람까지 위협한다는 뉴스도 나온다. 여름 휴가지에서 유기견이 많이 발견된다고 한다. 필요에 의해 기르다 쓸모없다 내몰고, 가족처럼 함께하다 병들면 버린다. 버려져 굶주린 채 주인만 기다리는 그 슬픈 눈을 떠올린다면 절대 못 버린다. 이기적인 인간이 말 못 하는 짐승에게 저지르는 무책임한 짓은 마땅히 처벌받아야 한다.

골골송을 부르며 애교부리는 고양이를 바라보면 웃음이 나고 행복하지만, 활동성이 많은 고양이와의 동거는 손이 많이 가고 성가신 게 사실이다. 게다가 강아지보다 외로움을 더 타는 고양이는 장시간 집을 비울 때는 딸아이가 친정을 오가며 돌봐주곤 한다. 하나를 얻으면 반드시 하나를 잃는 게 세상이치인 것을 새삼 깨닫는다.

우연이 필연이 되었기에 고양이가 명을 다할 때까지 함께할 생각이다. 오갈 곳 없는 나를 따뜻하게 거두고 품어줬던 그 가족을 떠올리며 동거를 할 셈이다. 어떤 어려움이 있더라도.

저는 멀리 떠납니다

평탄한 삶이 어디 있을까마는 연거푸 악재가 몰아쳤다. 겨우 2주의 출산 휴가를 끝내고 출근한 어미를 대신해 아이를 돌봐주던 어머니께서 갑작스레 세상과의 연을 끊으셨다. 어머니를 잃은 슬픔도 감당하기 어려운데 그 뒤에 안고 가야할 짐은 너무도 버겁기만 했다.

당장 두 돌도 안 된 아이를 맡길 곳을 찾지 못했다. 어린이집 놀이방도 없던 시절이라 피붙이가 아니면 봐줄 곳이 없었다. 근처에 혈육이 있었으나 맡아줄 형편이 아니었다. 고민했지만 묘수가 있을 리 없다. 마지막 카드인 아내의 사표를 두고 만지작거리다 우리부부는 도리질을 해야 했다.

남의 손보다는 남도의 끝자락이라 멀지만 차라리 외가에 보내는 게 낫다고 결론지었다. 부모와 떼어 놓는 게 세 살배기 아이에게 어느 정도 큰 상처를 주는지, 부모 속은 어느 정도 타들어가야 하는지 몰랐기에 우매한 선택을 했다. 눈물범벅이 된 아이를 억지로 떼어놓고 돌아서서 오자니 얼마나 가슴이 찢어졌겠는가. 아이도 부모도 못할 짓이라 다시 하라면 절대 하지 않을 일이다.

피붙이에게 한 푼의 경제적 도움도 받지 못한 채 너무 어렵게 공부한 탓인지 내가 걸어온 가시밭길을 아이들이 걷게 해주고 싶지 않았다. 비록 떨어져 보낸 삼 년이라는 세월이 아프기도 했고 상처도 되었지만 디딤돌로 삼아 애들만큼은 어려움 없이 키우고 싶었다. 하여, 애들이 원하는 것은 모두 시켜봤고 남들 보내는 학원을 보냈고 일부 과목은 개인지도를 받게 했다.

삼십 년 전 어느 금요일 오후에 학원 원장님 전화를 받았다. 큰아이가 월요일부터 오늘까지 피아노학원에 오지 않았다고 했다. 순간 무슨 일인가 걱정되었지만 부아도 났다. 아니, 이 녀석이 닷새씩이나. 부랴부랴 집에 오니 벌써 사단이 났다. 학원에서 아빠한테 전화한 것을 알게 된 초등학교 3학년 사내아이가 방문에 "엄마 아빠 실망시켜서 죄송합니다. 저는 멀리 떠납니다." 이렇게 써 붙여놓고 사라졌다. 눈앞이 캄캄하고 머릿속이 하얘졌다. 무엇을 먼저 해야 할지도 생각나지 않았다.

놀이터에 있는 고만고만한 아이를 보면 모두 우리 아이 같아 달려가 보면 아니길 수십 번, 혹시 우리아이 보지 못 했냐 물어보면 하나같이 도리질을 해대니 극도로 불안감은 높아지는데 어둠은 점점 내려앉고 낙엽을 굴리는 찬바람도 쌩하니 일었다. 골목이며 오락실 학교운동장을 뒤져도 아이는 없었다. 정신 나간 사람처럼 동네를 돌아치다 밤 9시가 넘어서자 그러지 말자면서도 불길한 생각만 저만치 앞서갔다.

파출소에 가출신고를 하고 발을 동동 구르는데 전화벨이 울린다. 혹시나 하며 급히 수화기를 들자 나이 드신 아주머니가 "거기 OO네 집이예요."라고 묻는다. 그렇다고 하자 여기 아이가 있으니 데리러 오라며 주소를 일러 준다. 신도도 아니면서 '오! 하나님' 소리가 절로 터져 나왔다.

아버지의 부재로 사랑도 못 받았지만 보면서 익히는 아버지의 역할도 배우지 못했다. 책에서 얻은 얄팍하고 알량한 지식으로 아이를 틀 안에 가두려 했다. 엄하게 길러야 한다는 일념으로 곁을 내주지 않았고 큰 녀석이라 뭐든 작은애한테 양보하라 주입만 시켰지 아이를 위해 온전히 해준 게 없었다. 조금 실수를 해도 야단만 쳤지 괜찮다며 안아주고 보듬어 주질 못했다.

불러준 공원묘지 근처의 주소로 달려가니 아이는 곤히 잠들어 있었다. 아주머니 말씀은 버스에서 내리니 어둠속에 작은아이가 쪼그리고 앉아 졸고 있기에 데리고 와서 밥을 먹였더니 저렇게 자더란다. 수없이 고맙다고 머리를 조아렸다. 그 외진 시골에서 아주머니가 발견하지 않았다면 이라는 가상조차 하기 싫었다.

십여 킬로나 되는 거리를 어린이용 자전거를 타고 갔으니 오죽 고단하랴. 옆에 놓인 아이 가방에는 두루마리 화장지 하나와 마시다 남은 물병만 들어 있었다. 축 늘어진 아이를 업어다 차에 눕혀도 미동도 없이 곤히 자는 모습을 보고 우리 부부는 아무런 말도 꺼낼 수 없었다.

학원에 가지 않고 오락실에서 보냈다지만 어린애가 보금자리인 집을 나설 생각을 했다면 화난 아비의 얼굴을 떠올리며 닥칠 두려움을 피하기 위한 방법이었으리라. 그렇게 된 것에는 내 책임이 컸다. "간섭이 잦으면 교활해지고 관대하면 정직해진다."는 것을 잘 알면서도 왜 아이에게는 적용하지 못했을까. 진즉 품어주고 안아줘야 했다. 뭔가 잘못했더라도 괜찮다며 도닥여줬어야 했다. 다음날 아침까지 풀이 죽은 채 방에서 나오지도 못하는 아이를 찾아가 안아주며 들려주었다. "아빠가 미안해 괜찮아"

짝 지워 놓았더니 한동안 뜸하다 이태 전부터 자주 울리는 손 전화 벨소리와 함께 화면에 아들의 웃는 얼굴이 뜬다.

"주말에 아버지 고향으로 캠핑가요."

삽

생김새가 다르듯 쓰임도 제각각이다. 태생이 호미나 낫처럼 불 맛을 보며 맞아서 나온 게 아니다. 형틀에 넣고 강한 압력으로 찰나에 뚝딱 만들어진 물상이다. 땅을 파고 고르기에 적합하며 비록 얇지만 강도는 세다.

시대의 변화로 용도에 따라 재료와 형상이 진화되었지만 인류와 함께 한 시간은 길었다. 날이 삼각형인 일반 삽에, 비비고 섞기 편리하게 반듯한 것도 있고 휴대가 용이한 야전삽이 있으며 재바르게 갯벌을 파기 용이한 폭이 좁은 삽도 있다. 형상은 다르지만 파내고 섞으며 덮고 옮기며 고르는 게 삽의 본질이다.

초가였지만 비교적 넓은 고향 집 헛간에는 자주 사용하는 순으로 농기구가 걸려있었다. 한 뙈기의 논도 없던 우리 집은 논매기용 외날 호미는 품앗이할 때만 호출되었고 삽은 연중 서너 번만 헛간을 떠날 뿐이다.

발목까지 찰랑대는 무논바닥을 헤집으며 잡초를 뽑아내던 외날 호미 두 개, 바랭이와 방동사니가 지천인 비탈밭을 매던 양날 호미 네 개, 튼실하고 묵직한 조선낫 두 자루, 꼴이나 벼를 베는데 제격인 왜낫 두 자루가 걸려있다. 옆에는 가슴팍까지 오는 긴 자루의 괭이, 땅을 고르는 고무래, 북데기나 낙엽을 긁는 갈퀴가 매달려 있다. 제일 안쪽에는 파란 페인트도 채 벗겨지지 않은 삽 한 자루가 있었다.

양날 호미 세 개는 우리 삼 형제요, 날 끝이 많이 닳아 뭉툭한 호미는 가장 신역이 고달팠던 어머니였다. 한낮 농기구에 불과하지만 배치된 자리만 봐도 쓸모와 고단함이 어느 정도인지 가늠할 수 있었다. 연중 서너 번만 삽날에 흙을 묻히던 삽은 가족을 두고 허망한 꿈을 좇아간 호적에만 남은 가장이었다.

비지땀이 흐르던 염천에 잡초가 무성한 강냉이밭을 매다 잎사귀가 목에 스치면 쓰라렸고 그렇지 않아도 하기 싫었던 터라 애꿎은 호미만 패대기치곤 했다. 잔돌이 많은 비탈밭만 부치던 우리 집은 날이 닳아 대장간에서 다시 호미나 낫을 벼려 와도 하릴없는 삽은 시원한 헛간에서 신소리나 치며 자리를 지켰다. 귀한 몸이 헛간을 나설 때는 땅심 좋은 채마전에 감자와 무를 저장하고 뒤란에 김장독 구덩이를 팔 때만 거드름을 피우며 나섰다.

하늘바라기 천수답조차 없었기에 사철 강냉이밥으로 뱃구레를 채우던 시기에 돌짝밭에서 통강냉이를 백여 가마를 수확하느라 고단했던 다른 농기구에 비해 삽은 빈둥대면서도 대우는 극진했다. 장마철에 페인트가 벗겨진 삽날에는 녹이 슬었고 어머니는 소주병에 진득하게 가라앉은 들기름을 헝겊에 묻혀 문지르곤 하셨다.

삽이 사립문을 벗어나는 일은 식목일에 울력으로 나무를 심는 게 고작이다. 마당에 빗물이 고여도 물길을 내는 것은 삽이 아닌 괭이가 맡았고 쟁기로 갈아엎은 밭을 평평하게 고르는 것도 심성이 고운 고무래의 몫이었다.

호미로 밭을 매는 일이나 낫으로 나무를 하고 강냉이 섶을 벨 때보다 땅 파는 삽질은 힘들었다. 요즘 농촌은 트랙터나 관리기가 일손을 대신하지만 전원주택의 인기로 삽을 찾는 일이 잦아졌다. 농사일은 모두 힘들지만 은근히 골병드는 게 톱질이요 삽질이라는 걸 해본 사람만 안다.

직장생활 당시의 나는 양날 호미였다. 밭을 맬 때도 마당에 돋아난 잡초를 뽑을 때도 언제나 손에 들려지는 고단한 호미였다. 바지런 떨며 일할 때는 멀뚱멀뚱 지켜보던 삽 같은 동료는 힘들게 일궈서 쌓은 공을 푹 떠서 자신의 것처럼 만들어 홀라당 속을 뒤집어 놓기도 했었다.

삽은 불에 달구어져 나긋나긋하게 망치로 맞아본 기억도 없고 놀밭을 파느라 날이 찌그러든 적도 없기에 배려하거나 보듬지를 못한다. 그런 연유로 고르고 덮는 일보다 땅을 뒤집고 파내는데 익숙한 터라 가만두어도 아픈 남의 상처를 잘도 파헤쳤다. 흠결이 있더라도 덮어주고 다독이는 고무래같이 해주면 좋으련만 그럴 생각은 전혀 없다.

농촌에서 농기구는 반드시 필요한 도구이다. 각자 생겨먹은 대로 저마다의 역할을 묵묵히 해낸다. 사람 역시 생긴 모습과 타고난 재능대로 살아가지 않겠는가. 얼굴 곳곳에 세월의 흔적이 깊게 나고 보니 알겠다. 견뎌내기 힘든 어려움과 바닥을 치는 좌절을 겪고서야 타자의 아픔이나 어려움을 자신인 것처럼 곡진하게 해석한다는 사실을.

부모산 단상

무시로 안기는 곳이다. 이십 년 가까이 마음이 동하면 시도 때도 없이 올랐다. 정상이라야 해발 233m의 야트막한 산이기에 계절과 관계없이 많은 사람이 찾는 곳이다. 이른 봄이면 노란 생강나무꽃이 피어나고 뒤이어 자태 고운 하얀 산목련과 벚꽃이 피어난다. 부모산은 다양한 식물군이 운집해 있으며 저마다의 위치에서 생멸을 반복하며 이어간다.

청주의 서쪽 지킴이라 불리는 부모산 정상에 올라 해넘이 방향을 바라보면 멀리 KTX 오송역과 의료과학단지가 있고 우리나라 최초로 개통된 교통의 대동맥인 경부고속도에 쉴 틈 없이 달리는 자동차 행렬이 이어진다. 그 뒤에는 새 청사로 이전한 흥덕구청도 보이고 금강 지류 미호천이 유유히 흐르며 생명을 키우는 평야가 펼쳐져 있다.

북쪽에는 첨단과학단지와 근래 방사광가속기를 유치한 인구 7만 명을 넘어선 오창대읍이 보인다. 동쪽 발치 아래는 1970년대 청주산업단지의 대표적 기업이었던 대농이 자리했던 곳에는 초고층 주상복합단지와 백화점, 롯데아울렛이 들어선 핵심 상권이자 대단위 아파트촌이다. 남쪽으로 시선을 돌리면 겹겹이 둘러싼 산이 마음의 평정을 안겨준다.

청주에는 크고 작은 네 개의 성이 있는데 동쪽에는 내탁공법으로 축조한 규모가 가장 큰 상당산성이 있고 우암산에는 일부러 찾기 전에는 알 수 없는 와우산 토성이 있다. 미호천 변에는 흙으로 쌓은 정북동토성이 있고 서쪽 끝단에는 사방이 확 트여 전략상 경계하기 적합한 곳이라 부모산 정상에는 석축으로 조성한 부모산성이 있다. 산성 일부에서 2013년 문화재 발굴사업을 벌이기도 했다.

예전에는 아양산 악양산 아미산으로 불리다 "몽고침입 때 이 지방 사람들이 이곳으로 피난하였는데 항상 안개가 끼어 노략질하던 적군의 눈에 띄지 않았고, 성안에 식수로 충분하게 쓸 수 있는 샘물이 솟아나 한 사람도 다치지 않고 살아남았을 수 있어 그 은혜가 부모와 같다고 하여 부모산이라 했다."고 전해진다.

부모보다 더 큰 사랑을 주는 이가 어디 있을까, 자식이 마음에 들던 안 들던 조건 없이 무한 사랑을 퍼붓듯 부모산은 이름에 걸맞게 언제 누구라도 반기며 품어 안는 참 편안한 산이다. 어느 코스로 올라가도 가파른 등산로가 없고 발을 헛디뎌 사고가 날 만한 낭떠러지 역시 없다. 부모의 마음처럼 뭐든 주기만 하는 산이라 봄이면 취나물이며 원추리 홑잎 고사리에 다래순도 내어준다. 추석을 열흘가까이 남겨놓을 즈음이면 발 빠른 사람들에게 잘 여문 알밤을 서너 됫박은 안겨주고 구월 하순부터 시월 초까지는 도토리도 내놓는다.

부모산은 늘 그 자리를 지키고 있 것만 산을 둘러싼 환경은 너무나 많이 달라졌다. 많은 청주 시민이 살고 싶어 하던 부모산자락의 돋을양지인 주봉마을은 턱밑에 들어선 쓰레기 소각장으로 인기가 시들해졌고 서쪽 산자락도 대형 쓰레기 매립장으로 인해 부모산은 신음 중이다. 모두 인간의 탐욕으로 빚어진 일이다.

부모산과는 남다른 인연이 있다. 16년 전, 문단에 첫발을 내딛게 만든 “구리반지”라는 등단작품은 부모산을 오르다 나물을 뜯던 할머니의 손가락에서 반짝이던 금반지를 보고 금붙이 하나 몸에 지녀보지도 못했던 어머니가 막내아들이 만들어드린 구리반지를 가슴에 품고 가신 가슴 아픈 사연을 작품으로 승화시켜 세상에 내놓았고 많은 이의 호평을 받기도 했다.

몇 해 전, 해넘이가 끝난 섣달에 부모산을 오르기 시작해 산을 한 바퀴 돌아 내려올 때 작은 암자인 연화사 앞에 이르자 나이 지긋한 공양주 보살이 대웅전에 같이 가자고 했다. 누가 사체를 법당에 버리고 간 것 같다며. 확인 좀 하자는 말이다. ‘사체’라는 말에 머리털이 곤두섰다. 선뜻 따라나설 일이 아니지 않은가. 매섭게 춥던 날인 데다 어둠이 내려앉아 내 뒤를 이을 등산객이 없을 것 같은지 노 보살은 소매를 완강히 잡아끈다.

노 보살이 사체로 단정한 담요에 돌돌 말려있던 것을 풀자 새파랗게 변한 갓난아이의 얼굴이 나왔다. 기겁하고 몇 걸음 물러섰다. 무서웠지만 혹시나 하고 얼음장 같은 아이의 입가에 손을 대니 고개를 움직였다. 아! 살아있구나, 생명이 붙어있는 신생아라서 반갑고 고마웠다. 경찰이

출동하고 열흘도 안 돼 CCTV에 찍힌 비정한 부모는 쇠고랑을 차야만했다.

그날의 충격은 상당히 컸고 그 이야기를 다룬 "미욱한 어미"라는 글을 한 편 쓰기도 했다. 어리석지만 절간에 두고 가면 키워줄 거라 믿었기에 버리고 떠나지 않았던가. 모든 걸 내주고 품어 안는 부모산에서 탯줄도 채 떨어지지 않은 채 부모에게 버림받는 운명을 타고난 아이, 이 얼마나 불행한가. 여섯 살이 되었을 아이의 안부가 궁금하다.

지금도 틈만 나면 찾는 부모산, 살아내느라 뒤엉킨 사념으로 산을 오르다 보면 어느새 머리가 맑아진다. 수없이 지나치는 인연 중에 지인과 만남은 덤이다. 자연이 부모의 마음으로 인간에게 내어주는 모든 것이 고맙고 감사하다.

뵐 수 없는 부모님이 그립다면 부모산을 찾아볼 일이다.

어깨

신명이 나면 곧장 나서고 기죽으면 즉시 꼬리 내린다. 감정의 바로미터인 어깨는 맡겨진 일은 제 몸 부서져라 하는 우직한 머슴이다. 가끔 모사꾼의 꼬드김에 말썽부리는 팔을 거느리지만, 실제는 팔이 상전이다. 싫은 내색하지 않고 도와주나 공은 늘 손에 돌아간다. 제 몫을 빼앗겼으니 하소연이라도 하련만 꾹꾹 쟁이다 더는 안 되겠다 싶으면 팔을 볼모로 태업한다.

어깨는 짊어지고 들어 올리며, 던지고 휘두르며 밀고 당기는 힘의 원천이다. 신체 중 가장 유연하게 360도 회전이 가능하다. 견갑골, 쇄골, 늑골, 흉골에 회전근개 등 강력한 근육과 인대로 연결돼 탄탄하고 유연하다.

신체의 위쪽에 자리 잡은 어깨지만 눈이나 귀처럼 아랫것을 함부로 부리지 않는다. 솔선수범하는 자세를 지니며 막중한 책임은 있으나 권한은 없고 의무만 주어진다. 평생 무거운 짐을 짊어진 어깨는 뻐근하고 쑤시지만 그래도 할 일은 한다.

부모는 자식이 나이가 들어도 노심초사하기 마련이다. 제발 그러지 말라며 말려서 될 일도 아니다. 경제적으로, 부부간의 다툼으로 더러 속을 썩이며, 바쁘다는 구실로 서운하게 만드는 자식이 '팔'이라면, 조건 없이 뒷바라지하다 기력이 떨어지고 아파도 자식이 걱정할까 입도 뻥끗 못 하는 부모가 '어깨'인 셈이다.

"2020 한가위 대기획 대한민국 어게인 나훈아"는 경기침체와 역병에 시달리던 대중의 답답한 가슴을 뻥 뚫으며 전국을 뒤흔들었고 현실에 잘 맞아떨어지는 "테스 형 세상이 왜 이래, 왜 이렇게 힘들어"라는 노랫말은 많은 사람이 절로 흥얼거리게 되었다. 강력했던 나훈아의 감동이 여운으로 회자되던 어느 영상에서 노래를 잘 부르려면 어깨를 써야 한다며 살짝살짝 비틀고 위아래로 튕기며 가황답게 멋들어지게 뽑았다.

십여 년 전, 지천명에 접어들자 오십견이 찾아왔다. 하필 오른팔이라 여간 불편한 게 아니었고 무심코 팔을 움직이다 보면 깜짝 놀랄 정도로 통증이 왔다. 팔을 마음대로 움직이지 못하니 씻거나 운전조차 쉽지 않았고 손을 많이 쓰던 직장업무는 더욱더 힘들었다. 도리 없이 평소 방치했던 왼손을 쓰자니 어줍기 짝이 없었다. 그제야 무탈한 일상이 얼마나 소중한지 알았다. 원인 없는 결과가 없듯 장기간 혹사로 인한 질병이라 싫었지만, 어쩔 수없이 보름 가까이 함께 보내야 했다.

몇 해 전, 새해 첫 산행에 나섰다. 그리 높지도 낮지도 않아 가족 등반이 많은 낙영산에는 잔설이 있어 조심조심 하산하던 아내가 비명과 함께 넘어졌다. 눈이 녹다 얼은 내리막이라 손을 짚으며 엉덩방아를 찧었다. 바라보는 많은 시선이 부담스러워 얼떨결에 일어났지만, 팔을 움직이지 못했다. 부축해 내려왔으나 얼굴은 점점 고통으로 일그러졌다. 검사 결과는 회전근개 파열이었다.

아내가 다치기 전후의 삶이 확 달라졌다. 어깨를 깁스했으니 팔이 하나 없는 거나 진배없었다. 이미 경험한 오십견으로 어깨가 아픈 불편함과 고통을 잘 알기에 아내의 오른팔이 되어 주었다. 밥이며 청소에 빨래하는 가사는 물론이요, 아내의 머리를 감기고 드라이어로 빗기며 말려주는 치다꺼리를 군소리 없이 해나갔다. 게다가 승용차로 출퇴근시켰으니 아내가 일상으로 돌아온 두어 달은 너무나 길게 느껴졌었다.

해가 갈수록 거실에는 어깨를 풀어주는 파스 봉지와 안마 봉과 안마기가 늘어난다. 매일 쓰겠다며 사들인 안마기는 두어 달 쓰다 팽개쳤다. 그나마 꾸준히 사랑받는 것은 잡고 두들기는 안마 봉이다. 그것도 부족한지 이따금 아내의 어깻죽지는 검붉은 부황 자국으로 도배를 한다.

부부는 나이가 들수록 측은지심이 든다. 탄탄하던 어깨와 탱탱하던 젊음은 어디 가고 카메라를 들이대면 한없이 작아지는 초로의 늙은이로 남아있다. 서로 자신을 안 만났으면 더 나을 수도 있겠다는 생각도 한다.

어깨가 무거운 짐만 지고 있는 건 아니다. 마냥 강할 것 같은 미더운 어깨지만 기분이 좋아지면 덩치에 걸맞지 않게 어깨춤을 추기도 하고, 감당하기 어려운 서러움이 북받치면 양어깨를 들썩이며 근원적 슬픔을 토해내기도 하는 곳이다. 자신은 정작 힘들어도 기댈 수 있도록 상대에게 내어주는 어깨는 최상의 배려이다. 어깨를 살포시 껴안고 머리를 맞댄 채 속삭이는 것보다 더 친근한 행위가 어디 있으랴. 나누는 사랑이 있고 쌓인 정이 있기에 가능하지 않겠는가.

고단한 어깨지만 서로 내어주며 기댈 수 있으면 좋겠다.

참아야 한다기에

늘어선 노송군락 중에 수세조차 시원찮은 나무 앞에 발길이 멎는다. 송진 채취로 둥치 두 군데에 깊은 상흔이 남았다. 한동안 보자니 마치 바람 잘 날 없던 시련을 견뎌내느라 한없이 쪼그라든 정선댁 같다. 어쩌면 참는 것에 이골이 난 그녀는 가슴에 커다란 돌덩이 하나를 매달고 살았다.

일흔 중반의 정선댁을 떠올리기만 해도 가슴이 아려온다. 어릴 때부터 친정어머니는 여자는 무조건 참아야 한다고 가르쳤다. 부모님 말씀이라면 거역할 줄 모르고 참는 것에 길든 그녀의 생은 상상을 뛰어넘을 만큼 가혹했다.

강원도 정선의 첩첩산중 두메산골에서 사 남매 맏이로 태어난 것부터 참고 살아야 할 운명이었다. 견디기 어려운 삼복더위도 그곳은 부채 하나만 집어 들면 지낼만했다. 앞뒤가 산으로 막혀 낮이 긴 하지에도 한나

절밖에 해를 볼 수 없어 염천지절에도 더위 먹을 염려는 없다.

법 없이 산다는 양친을 닮아 정 많고 성품 역시 고왔다. 형편상 세 동생을 위해 상급 학교는 포기했다. 비탈 밭에 심은 강냉이와 콩을 가꾸는 농사를 거들다 객지에서 흘러온 잘생긴 청년에게 마음이 끌려 서둘러 혼인했다. 내세울 게 없으니 아무것도 보지 않았다. 그게 발등을 찍었다. 겉만 멀끔했던 신랑이 다는 아니었다,

신혼의 단꿈이 채 무르익기도 전에 시련이 닥쳤다. 넉넉지는 않았으나 농사지으며 고향에서 자족하던 시모는 매주 찾아와 집을 팔아달라고 조르던 시숙의 완곡한 간청에 두 손 들었다. 큰동서와 맞지 않아 함께 살 수 없다는 것을 알면서도 오죽하면 저러나 싶어 시부가 팔아넘겨 이 악물고 되찾은 집을 팔아야 했다.

편히 모시겠다는 말은 닷새 만에 산산이 허공에 흩어졌다. 옷 보퉁이만 들고 나섰으나 갈 곳이 없었다. 그런 내막을 잘 알았던 그녀는 시모를 모시겠노라 제안했다. 부끄럼 많은 새댁이 단칸방을 쓰자니 얼마나 곤혹스러웠을까. 한 해가 지나 첫아이를 낳을 무렵 설상가상 철부지 시동생까지 군식구로 달라붙었다.

구멍이 숭숭 뚫린 콘크리트블록으로 지은 방 하나에 부엌 딸린 사글셋방은 소대한 무렵이면 벽이 하얗게 얼었다. 하루살이 인생이 힘들고 짜증 난 가장은 툭하면 술주정을 했다. 역경에도 그녀는 누구도 원망하지 않았고 당신의 운명이라 받아들였다.

방을 늘리는 두세 번의 이사에 아이 셋이 더 생겼다. 식구는 늘어나도 시원찮은 가장의 벌이에서 겪는 고통은 가슴으로 삭여야 했다. 무슨 운

명이기에 평생 참아야만 했을까. 터질 듯 가슴이 아프고 답답할 때 당신이 웅얼거리던 소리는 "참을 수가 없도록 이 가슴이 아파도"라는 당신의 노래 같은 이미자의 여자의 일생이다.

폐암으로 친정엄마가 위독하다는 전보를 받고 달려간 친정에서 십여 년을 모시던 시모의 부음소식을 전해들을 줄이야. 가진 게 없으니 잘해드리진 못했지만 하필이면 집을 비운 사이에 황망한 이별이라니 눈앞이 깜깜했다. 신의 장난인지 공교롭게도 시모와 친정엄마의 기일은 일주일 차이다.

정선댁이 공덕을 짓던 덕목은 오직 참을 忍이었다. 시모의 잔소리도 남편의 주정도 딸 셋에 막내로 낳은 아들의 말썽도 친정엄마의 주문대로 이미자의 노래 『여자의 일생』을 웅얼거리며 견뎌냈다. 누구한테도 듣기 싫은 소리 한마디 못하는 성격으로 착하고 착했다.

"작은아버지는 아셔야 할 것 같아서요." 착 가라앉은 막내 조카의 전화다. 목소리에 근심 걱정이 가득 묻어난다. 두 분이 서로 의지하고 살다 몇 해 전 형님을 급작스레 떠나보내고 홀로 지내는 형수가 걱정돼 불쑥불쑥 드나들었는데 혹여 찾아갔다 놀랄까 봐 알리는 입원 소식이다.

일 년 전, 퇴행성관절염으로 고생하다 두 다리를 인공관절로 바꾸는 큰 수술을 했다. 수술만 하면 가고 싶은 곳 갈 줄 알았다. 완치된 오른쪽과 달리 왼쪽 무릎은 계속 통증이 이어졌고 병원에서는 좀 더 기다려 보자며 염증 치료제를 처방했다. 한두 달도 아니고 일 년이 넘어도 낫지 않더니 아픈 무릎은 더는 못 견디겠다는 듯 기어코 탈이 나고 말았다.

긴급 수술로 인공관절을 제거했다. 빼낸 자리를 약으로 채우고 염치

수치가 정상으로 회복되고야 다시 인공관절을 넣는 수술을 했다. 다른 사람 같으면 고생은 고생 대로하고 비용은 비용대로 청구했으니 병원에 악다구니를 쓸 만도 하지만 본성이 착한 형수나 조카들은 발뺌하는 병원 말을 곧이곧대로 받아들였다. 게다가 한술 더 떠 당신이 잘못 관리해 탈이 난 것 같다며 이제라도 안 아프면 되니 그냥 묻어두자고 한다.

악의 끝은 있어도 선의 끝은 없다 했던가. 남을 해코지하던 사람의 말로가 좋지 않은 건 익히 봐왔다. 돌연사로 형님이 세상을 떠났을 때도 네 명의 조카들이 번갈아 가며 형수를 돌봤다. 사 년이 지난 지금도 주말이면 찾아와 효도 경쟁을 벌이는 자식으로 노년의 삶이 외롭지 않다. 현재 누리는 복은 아마도 평생 참아가며 쌓은 공덕일 것이다.

참는 게 마냥 손해 보는 일은 아니었다.

비상

얼마나 혹사하고 저리 날 수 있을까. 긴 무명생활로 감당할 수 없는 고비도 많았을 것이다. 때로는 부러지고 꺾인 몸으로 살아야 할 의미조차 찾기 어려워 수없이 주저앉고 다시 일어나 날아오른 것이다.

서른 중반은 넘었겠다. 자그마한 체구에 귀엽고 깜찍한 데다 예쁘기까지 하다. 반듯하게 가르마를 탄 머리를 돌돌 말아 양 머리로 만들었다. 머리와 가슴에는 액세서리로 한껏 멋을 부렸다. 개량 한복을 접목한 무대복의 짧고 풍성한 치마 속에는 하얀 바지를 입었다.

우연히 본 동영상에 홀딱 반해 부여 연꽃 축제를 찾았다. 푹푹 찌는 날씨에도 300여 자리는 만석이고 축제장 인파를 모두 끌어들인 듯 겹겹이 둘러선 인파를 보며 인기를 실감했다. 열렬한 박수와 환호 속에 등장한 그녀가 허리를 90도로 굽혀 정중하게 인사를 한다.

"에~오늘은 끝나는 날인 데다 마지막 공연인 만큼 맘껏 놀아보겠습니다."라는 짧은 멘트로 공연은 시작됐다.

"이렇게 살라고 인연을 맺었나, 차라리 저 멀리 둘 걸 미워졌다고 갈 수 있나요, 행여나 찾아올까 봐."

허스키하면서도 다이내믹한 목소리로 '미운 사랑'을 시작으로 연거푸 서너 곡을 한을 풀어내듯 토해낸다. 작은 체구에서 어떻게 저런 성량이 나오는지 알 수 없지만 그녀의 열창으로 공연장의 열기는 달아오르는데 이번엔 장구채를 집어 든다.

마이크를 스탠드에 맡기고 넘치는 끼로 온 몸이 리듬을 탄다. 채를 잡은 양팔은 신들린 듯 좌대에 고정된 장구의 편을 치다 궁글채로 심벌즈를 후려친다. 장구를 치는 모습도 남달랐다. 손의 방향이며 각도, 어깨와 팔, 다리의 움직임이 쉽게 따라잡기 어려운 경지다. 머리와 몸이 따로 놀고 허리와 엉덩이가 박자를 타면 팔다리가 자유자재다. 흥이 오른 관객의 박수와 어깨춤이 함께 어우러진다.

끼로 똘똘 뭉쳐있는 그녀는 배꼽을 잡게 하는 재담도 고수다. 관객을 들었다 놨다 손바닥에 쥐고 흔든다. 보는 이의 혼을 쏙 빼놓고 안달이 나게 하는 것도 식은 죽 먹기다. 혀를 내두를 정도다.

휘모리장단으로 폭풍우가 몰아치듯 신명나게 두들기고 춤추며 부르는 노랫가락으로 몸이 흠뻑 젖는다. 주술에 걸린 듯 손뼉으로 박자를 맞추며 화답하던 불콰한 50대 남자가 신사임당의 초상화가 그려진 지폐 한 장을 빼 들고 흔들어댄다. 한껏 동공이 확대된 그녀의 콧소리가 작렬한다.

"아이, 이런 거 안 줘도 되는 데 정말 고맙습니다. 잘 살게요." 돈을 받

아들고

돌아서오면서 하는 말에 모두 배를 잡는다.

"저 오빠 꼬라지 보면 내가 보태줘야 할 것 같은데. 흐응흐응흐흐흐."

흥에 취한 관객이 여기저기서 지폐를 흔들어 댄다.

"야, 저리 좀 비켜봐 인간들아, 돈도 안 주는 것들이 자리는 떡하니 차지하고서~흐응흐응흐흐."

고까울 수 있는 말에도 모두 낄낄대며 웃는다. 마음을 열고 웃고 즐기려는 어울림마당이라 그랬다. 비좁은 의자 사이로 뛰어다니며 팁을 받는 것도 바쁘다. 잠깐 사이 지폐가 한 줌이다. 관객을 등 뒤로하고 돈을 세어 허리춤에 끼우며 단원을 향해 날리는 재담으로 다시 폭소가 터진다.

"이렇게 벌어서 나 혼자만 가지면 존데 저것들 멕여 살리느라 나만 쎄빠진당게. 내년부터는 다 내쫓고 나 혼자 할라네, 흐응흐응흐흐흐."

'버드리'라는 예명을 가진 그녀는 품바계의 스타였다. 2만5천 명의 팬클럽에 2집 음반도 냈지만 관객과 함께하며 마음껏 끼를 풀 수 있는 공연을 좋아한다. 비록 천막 안에 마련된 한 평도 안 되는 무대지만 올라서면 절로 힘이 솟는다며 최선을 다한 공연으로 즐거움을 주고 박수를 받는 게 좋단다.

오늘날 그녀가 사랑받는 최고의 품바가 된 건 우연이 아니다. 오랜 무명시절의 고통을 견디며 독종 소리를 들어가면서 갈고 닦은 결과다. 기존 품바의 틀을 완전히 깼다. 공연은 박진감 있고 재미있다. 관객과 소통하느라 신청곡을 받아 불러주고 예측 불가한 공연을 재치 있게 진행하기 때문이다. 노래는 기본이며 춤을 추면서 치는 장구와 북에 엿장수가위춤도 수준급이다. 웃지 않고는 못 배기는 재담 역시 최고다.

내가 본 그녀는 극한의 조건에 굴복 않는 의지. 돌발 상황에도 당황하지 않는 여유. 관객이 품고 있는 우울함과 슬픔을 걷어내려는 배려가 돋보였다. 그렇기에 공연 내내 누구도 따라잡기 어려운 끼로 제대로 한바탕 노느라 에너지는 모두 소진했으나 땀에 젖은 얼굴에는 웃음꽃이 피었다.

자신이 좋아하는 일을 열정적으로 하면서 당당하게 사는 그녀가 부러웠다. 돌아보면 나는 하고 싶은 것도 많았으나 고집하고 채우기보다 늘 타자를 먼저 의식했기에 눈치를 보며 갈등하다 의지를 꺾은 기억뿐이다. 예전에 비해 나름 노력하지만 별반 나아진 게 없다.

흥에 겨워 몇 번 지갑을 열긴 했지만 아깝지 않다. 눈물을 찔끔거릴 정도로 웃고 즐겼다. 공연 내내 열광하던 몇백 명 얼굴에도 진한 행복이 묻어난다. 누군가 살짝 건드려주면 왈칵 눈물을 쏟아낼 것 같은 사연을 모두 털어낸 표정들이다. 관객을 위해 안쓰러울 정도로 최선을 다해 감동을 준 그녀는 끝없이 비상飛上 중이다. 빛나는 날갯짓이 눈부시다.

5부

나도수정초

나도수정초

이순 후반에 들어서니 귀만 순해지는 게 아니었다. 몸은 구부정하고 걸음도 늦어지니 그제야 발치의 사물이 눈에 들어온다. 자연스러운 현상이다. 이른 봄이면 밭둑에 핀 큰개불알풀이 부모산에 오르면 현호색이 눈에 띄었다. 이런 관심의 변화는 생육조건에 따라 다른 모습으로 만날 수 있는 야생화의 영역으로 이끌기에 충분했다.

제대로 알려면 미쳐야 한다고 하지 않던가. 발을 담그니 또 다른 세계가 보였다. 어딜 가든 군말 없이 따라나서는 동행이 있어 좋다. 큰마음 먹고 길을 나섰다. 야생화의 보고 분주령, 대덕산이라는 이름만으로 가슴이 두근거린다. 이번에는 자연으로부터 어떤 선물을 받을지 궁금했다. 시선을 발아래 두고 톺아보는 야생화 투어는 일반 산행에 비해 많은 시간이 걸린다.

태백산국립공원의 야생화를 즐기려면 검룡소 주차장에서 두문동재까지는 택시로 이동해야 한다. 하루 전 기상예보를 확인했지만 고산지대라 그런지 예보와 다르게 비가 내린다. 이런 날은 등산로가 미끄러워 위험한데다 옷이 젖어 체온이 떨어져 낭패다.

야생화가 줄지어 피어나는 시기의 태백산은 생태 보호 차원에서 한정된 인원만 입산시킨다. 탐방안내소에서 예약 체크를 하고 본격적으로 오르려는데 먼저 온 지천명의 부부가 반긴다. 운무가 자욱한 해발 1,300m의 고산을 두 사람이 간다는 게 만만치 않았기에 반가웠을 테다.

소수 인원이라 분주령까지 숲 해설사가 동행했다. 설명이 귀에 쏙쏙 들어왔다. 앞서가던 그녀가 특별한 꽃을 보여주겠다며 보호망 안쪽으로 안내했다. 풀섶을 헤치고 들어가니 그곳에는 복주머니난 몇 송이가 예쁘게 피어있었다.

찬찬히 즐기는 숲에서 무시로 다양한 모습으로 자신을 드러내는 야생화에 마음을 빼앗겼다. 근교 야산에서는 볼 수 없는 꽃들이다. 세상 모든 물상은 희귀성으로 가치가 높아지지 않던가. 인동초꽃을 모아놓은 듯한 구슬댕댕이, 뾰얗고 앙증맞은 은난초, 보송보송한 솜털에 부끄러운 듯 속을 실짝 보여주는 요강나물, 기다란 줄기에 노란 꽃을 층층이 달고 서 있는 감자난초도 산객을 반겼다.

새로운 종을 발견할 때마다 세상을 다 얻은 기분이다. 그런 가운데 최고의 인연은 나도수정초다. 꽃이라기보다 버섯으로 착각할 정도다. 꽃대며 꽃잎조차 반투명이다. 어찌 보면 얼음꽃 같아 햇볕만 쬐면 순식간에 녹을 것 같은 서너 포기의 꽃이 부엽토 위에 나란히 피었다. 해설사도 좀처럼 보기 힘든 귀한 꽃이라며 반색한다. 어렵게 산을 찾은 선물이려니 생각했다. 수줍게 맞이하던 그 꽃은 꽃말조차 '숲속의 요정'이란다.

암만 봐도 신기했다. 카메라 셔터를 연신 누르며 담고 또 담았다. 그녀는 단정 지을 수는 없으나 태백산에서 자생하는 곳은 한두 곳으로 추정한단다. 그런 진귀한 꽃을 길섶에서 우연히 만났으니 행운이 아닌가. 눈에 잘 띄는 색도 아니고 키도 작아 세심하게 살피지 않으면 발견할 수가 없고 다시 그곳을 찾는다 해도 개화 시기며 생육조건이 맞아야 하니 꽃을 보기란 매우 어려울 것 같다.

꽃을 매달고 있는 대공도 손가락 두세 마디 정도이다. 수줍은 듯 오므린 엄지 굵기의 은백색 꽃은 돌돌 꽃잎을 말은 채 고개를 숙여 안쪽을 볼 수 없었다. 만져보고 싶었지만 손을 대면 부스러질 것 같아 접어야 했다. 가운데 꽃을 두고 한 바퀴 돌기도 하고 땅에 엎드려 찍었지만 부끄럼 많은 숲속의 요정은 끝내 속을 보여주지 않았다.

썩은 식물에서 영양을 섭취하는 것은 버섯과 흡사하다. 잎이라야 꽃대에 돌아가며 생선 비늘처럼 시늉뿐이고 광합성을 하지 못해 반투명이다. 광합성을 못 하는 식물이라니 엄마의 젖을 빨 수 없는 갓난아이 같아 안쓰럽다. 난생처음 본 연약한 생명이 거친 자연에서 생육과 번식이라는 본연의 본능을 지켜가며 과연 살아남을 수 있을까,

자연을 사랑한다며 숲을 찾는 사람조차 보며 즐겨야 하는데 더러는 순간의 탐욕으로 훼손을 한다. 주말이면 숲을 찾는 발길이 잦아 혹여 손을 탈까 염려돼 낙엽으로 살짝 가려주고 떠났다. 보호본능 때문일까, 산길을 걸으면서도 온통 마음은 나도수정초에 쏠렸다. 그나마 다행스러운 것은 꽃대가 작고 은백색이라 눈에 잘 띄지 않는다는 점이다.

유일한 희귀종 동강할미꽃도 밤낮으로 주민이 보호하지만 몰지각한 인간의 행태로 개체가 줄어드니 안타깝다. 어디 동강할미꽃뿐이랴, 알게 모르게 하나둘 우리 곁을 떠나는 종種이 부지기수이다. 한 생명체가 지구상에서 사라진다는 것은 하나의 세계가 없어지는 것과 같지 않은가. 동물이든 식물이든 생명체가 종적을 감추는 것은 그들이 살 수 없을 정도로 생육환경이 악화된 탓도 있지만 인간의 물욕이 자초한 일이기도 하다. 떠나보내기는 쉬워도 다시 돌아오게 하기란 거의 불가능하다.

자연에서도 아는 만큼 보이고 들렸다. 걸음을 늦추고 자세를 낮추니 작은 생명이 눈에 들어왔다. 생명 존중을 바탕으로 그들과 함께하니 세상을 바라보는 눈도 마음도 유순해졌다. 하찮게 여기던 생명체가 소중히 느껴지고 처신은 절로 신중해졌다. 틈만 나면 자연을 찾아 나서고 숲에서 야생초와 야생화를 즐기는 일은 더없는 인생 수양인 셈이다.

사람을 읽다

얼마나 더 살아야 사람을 제대로 볼까, 겪어 봐야만 알 수 있다는 사람, 고희가 목전인데도 연신 허방다리를 짚는다. 어찌 보면 세상을 헛산 것이며 달리 말하면 그나마 순수하다고 할 수도 있겠다.

사람은 대부분 자신의 잣대로 재려 든다. 그런 잣대는 객관적이지 않고 주관적이라 오류투성이다. 그런데도 자신의 것이 맞는다며 우겨대기도 한다. 성격은 모나게 않고 살면서 남의 가슴에 대못을 박지도 않아 사람을 평가할 때도 관대한 편이다.

맥 놓고 있다 된통 맞았다. 느닷없이 후려치는 강력한 한방에 나동그라진 상태였다. 남이야 뭐라 하던 그럴 사람은 아니라고 믿었다. 자신을 위해 애썼다는 걸 아는데도 불구하고 이 악물고 갈겼다. 맞은 아픔보다 그런 현실이 서글펐다. 입에 올리기조차 민망한 욕설을 쏟아내는 게 예전에 봤던 그녀가 맞나 라는 생각도 들었지만 분명한 건 심했다. 쏟아낸 문자폭탄을 본 지인은 다들 도리질하며 이 정도면 정신질환이라 했다.

꽤 오랫동안 홀로 변방에서 빙빙 돌던 그녀가 동인에 함께하고 싶다며 가입원서를 보내왔다. 십여 년 전에 2년 정도 함께한 적이 있었다. 외모는 맏며느리처럼 후덕해 보이고 심성도 그만하면 괜찮았는데 내뱉는 말이 빠르듯 성미가 급했다. 남의 말을 진지하게 듣지 않아 종종 사람들과 다툼이 있었지만 나와는 관련 없어 그냥 좋은 사람으로 기억했다.

관계망 안으로 들어오는 가입 여부를 승인하는 자리에서 우려의 말들이 나왔고 찬반 의견이 분분했다. 일부는 일단 받아주고 처신하는 걸 봐가며 규정에 따라 처리하자는 의견에 동의했다. 피가 뜨겁던 시기에 있었다는 개인 간 다툼은 반성했을 테고 이순을 바라보는 나이라 변했을 거라는 믿고 문제가 발생하면 단체장인 내가 책임지겠다며 추인했다. 나중에 안 일이지만 직접 맞닥뜨렸던 문우가 극구 반대한 속내를 알아채지 못하고 받아들인 셈이다.

역병의 창궐로 모든 게 멈춰버린 세상이라 비대면이 일상화되었다. 가입은 승인되었으나 인사할 기회가 없어 대표작품으로 기존회원에게 인사시킬 요량으로 보내라 했나. 받고 보니 글쓰기 교실에서의 습작 수준이었다. 인준 때부터 잡음이 있던 그녀가 첫 인사차 올린 글이 이런 수준이면 추천한 사람도 입회를 통과시킨 의결권자도 면목이 없어 다시 작품을 부탁했는데도 도긴개긴의 글만 보내왔다. 그녀의 원서에는 분명 세 권의 수필집을 출간했노라 올렸었는데 거짓이었다.

살면서 그런 곤혹은 처음이다. 막무가내라 대응하지 않고 그냥 두었다. 감정조절을 못 하는 그녀가 최고조에 쏟아냈던 막말은 떠올리기조차 끔찍한 수준이다. 당신을 위한 배려임에도 안하무인이었다. 의결 후 혹시라도 일어날 돌발행동이 염려되어 찾아가 그만큼 당부했건만 모두 허사였다.

남들이 하던 뒷담화도 가끔 귀담아들었어야 했다. 그 사람의 심리가 매우 궁금했다. 검색하니 "행동 뒤에 숨은 심리학"이라는 책이 있었다. 급히 구매한 책을 읽어보니 절로 탄성이 나왔다. 지속되는 일상의 환경이 얼마나 중요한가를 강조했다. 그녀의 행동이 이해되었다. 폭력을 행사하는 아버지를 미워하면서도 닮아가는 것과 같은 의미다. 사람이 저렇게 변할 수 있다는 걸 느꼈다. 관점의 차이라고 하기에는 너무 큰 이견이다.

수필이라도 썼기에 그 정도에서 끝났을까. 타 장르와 달리 글과 사람이 같아야 한다는 수필가는 끝없이 지난날을 돌아보며 성찰해야 한다. 항상 자신을 낮추고 겸손한 자세로 살아야 하며 타에 모범은 안 되더라도 손가락질을 받아서는 안 될 일이지 않은가.

많은 사람이 겉만 보고 성품과 인격을 판단하는 우를 범한다. 하긴 찰나에 눈에 콩깍지가 씌워지기도 하지 않던가. 처음에는 별로였지만 만날수록 괜찮은 사람이 있고 첫인상은 좋았으나 만남을 거듭할수록 실망스러운 사람이 있다. 오죽하면 사람은 겪어 봐야 알 수 있다 했겠는가.

전설로 남아있는 모그룹 총수는 중요한 사람을 채용할 땐 관상가를 옆에 앉히고 꼼꼼히 살펴 가며 선발한 인재가 큰일을 해냈다고 한다. 관상만으로 사람의 속내를 전문가처럼 꿰뚫어 볼 수야 없지만 지나치게 오판하지 않고 어느 정도 알아보는 안목은 필요하지 않을까. 그래야 실망할 일도 가슴을 칠 일도 줄어들게다.

사람을 읽는다는 것은 참으로 난해하다.

희자 엄마

어른들은 칭송으로 입에 침이 마른다. 시어른께는 더 없는 효부요 대가족을 위한 헌신에 자식 넷도 잘 키웠다. 커다란 덩치에 걸맞은 시원시원한 이목구비에 타고난 인성으로 이웃에게는 인정 많은 새댁이었다.

반세기가 훌쩍 지났지만 떠올리기만 해도 가슴이 먹먹해진다. 피붙이는 아니지만 보고 싶다. 고향을 떠난 후 단 한 번도 본 적이 없다. 초가이긴 했지만, 지붕이 높아서인지 창고 집이라 불리던 희자네는 우리 집과 신작로 하나 차이다.

나보다 두 살 아래인 희자는 맏딸이고 여동생과 남동생 둘을 두었다. 열여덟 살 많은 내 누님보다 두 살이 많았으니 내게는 큰 누님 벌이자 엄마 같은 존재였다. 엄한 시부모에 열두 명 대가족이라 손에 물마를 날 없던 당신은 엎어지면 코 닿을 곳에 친정을 두고도 갈 수없는 처지라 참을 수가 없도록 속이 상하거나 친정 부모가 너무 보고 싶으면 어머니를 찾아와 눈물을 훔치기도 했다.

카이저수염에 카리스마 넘치는 희자 할아버지는 육척장신에 고희를 넘긴 나이에도 허리가 꼿꼿했다. 하이칼라 머리에 깔끔한 신식 옷을 입었다. 가끔은 검정 지프를 타고 온 군수나 국회의원이 깍듯이 인사를 올릴 정도이니 술만 취하면 개차반도 어르신만 나타나면 옷을 추스르며 예를 갖췄기에 볼썽사나운 일도 단박에 처리하기도 했다.

근엄한 시부에 약골인 시모, 손위 시누이와 시동생 셋이 있었는데, 그중에는 성씨도 얼굴도 다른 시동생도 있었다. 희자 할아버지는 마냥 무섭기만 한 건 아니었다. 머슴으로 들였으나 가엽다며 수양아들로 삼았고 십 년이 지나자 혼인을 시켜 집을 마련해 살림을 내주고 근교 중학교에 소사로 근무하게 해줬다. 다른 자식과 차별이 없었기에 희자나 동생들은 작은아버지라 불렀다.

자식을 일곱이나 낳았지만, 산후조리는 꿈도 못 꿨던 어머니는 탯줄이 떨어지기도 전에 일을 한 탓에 허리와 무릎이 아파 잘 걷지도 못했다. 사정을 잘 아는 희자 엄마는 새벽이면 날마다 소리소문 없이 물 한 동이를 부엌에 길어다 놓곤 했다. 하루 이틀이 아니니 시어른이 모를 리 없지만 눈감아 주었기에 가능했을 것이다.

한 동이 물만도 고마운데 김장을 할 때면 도랑가에 절여 씻어놓은 배추를 마루까지 모두 여다 주었다. 식구는 단출해도 김장은 겨우내 먹을 식량이라 한 접이 넘는 배추였으니 얼마나 고마운가. 당신의 집안일도 끝이 없는데도 그랬다. 희자 엄마의 손을 붙잡고 고맙다며 눈물을 글썽이던 어머니도 가끔 볼 수 있었다.

살림이 비교적 넉넉했던 희자네 사랑채 헛간에는 동네에서 유일하게 디딜방아가 있었다. 고추를 빻거나 콩을 빻으려면 희자네 집을 드나들어야 했다. 그런 큰집의 맏며느리가 자식뻘인 나를 *데리님이라 불렀고 무시로 앞치마 속에 주전부리를 감춰다 먹이곤 했다.

호적에는 남겼지만 서둘러 떠나던 아버지가 헐값으로 팔아넘긴 집도 "사람이 그러면 못써 산값으로 되돌려 주게"라는 희자 할아버지의 말씀으로 오년 만에 다시 들어갈 수 있었다. 어렵사리 되찾은 집이지만 무슨 사정인지 팔아달라고 목매는 큰 자식 성화에 집문서가 순이 아버지에게 넘어갔을 때 어머니만큼이나 속상해하며 펑펑 울던 희자 엄마였다.

달랑 옷 보퉁이 하나를 이고 떨어지지 않는 걸음으로 고향을 등지는 어머니 손을 움켜잡고 섶다리를 건널 때까지 따라오던 희자 엄마는 눈물을 흘리며 집을 향해 터벅터벅 걸어갔고 어머니 역시 연신 눈가를 훔치며 주치재를 넘어야 했다.

희자 아버지는 고등학교 국어 선생님이었다. 어른을 모셔야 하는 희자 엄마는 전보가 잦은 남편을 따라다닌 적이 없다. 오직 집안 귀신이 될 수밖에 없었으며 고초당초보다 맵다던 시집살이도 환갑을 바라보던 나이에 두 어른이 돌아가시고 나서야 끝이 났다. 위세 등등하던 높고 큰 집이었던 창고 집도 희자 엄마가 떠나자 무너져 내리고 말았다.

춘천 어딘가에 산다는 얘기를 듣고 겸사겸사 찾은 고향 친구의 퇴임 기념식장에서 지병으로 오래전에 먼 길을 떠났다는 소식만 전해 들었다. 가슴이 무너졌다. 그렇게 보고 싶었는데, 언제라도 찾아가면 내 손을 붙잡고 울 것 같았던 희자 엄마, 바쁘다는 핑계로 이제나저제나 하면서 미뤘더니 이렇게 허망한 소식을 들을 줄이야. 큰 병이 없으면 다들 여든은 거뜬히 넘기는데 왜 절대자는 그렇게 선한 사람을 서둘러 데려갔는지 원망스럽다.

훈장처럼 효부라는 칭호를 달고 살았던 희자 엄마. 맏며느리로 시련과 고통을 삭이느라 부부가 한 방에서 함께한 기간은 길지 않았다. 고단함은 평생 안고 살았지만 보름달처럼 환하게 웃던 인정 많은 당신을 볼 수 없다는 사실이 슬펐다. 피붙이도 아니고 가슴에 품었던 여인이 아닌데도 불구하고 가슴에 새긴 채 평생 그리워할 이는 희자 엄마였었다.

기다려주지 않는 그리운 이에게 내일은 없었다.

*데리님: 도련님의 강원도 방언

탓

원망이 본질인 든버릇이다. 원인이 분명 존재하지만 인정하지 않고 나타난 결과를 희석하고 회피하려는 술수이다. 탓의 대상은 자신을 제외한 삼라만상을 포함한다.

결혼 소식을 알리기가 불편한 고희를 목전에 둔 고향 친구 둘은 개혼조차 치르지 못했다. 다들 손주 사진을 손 전화 배경화면에 깔고 자랑해도 소 닭 보듯 힐긋 보고 만다. 나 역시 그 부분은 예외가 아니다. 그런 자식을 보는 눈길이 곱지 않으니 잔소리 듣기 싫은 자식은 독립을 선언하고 집을 빠져나갔고 초로의 부부 얼굴에는 장마철 산허리에 감긴 안개처럼 수심만 가득 서려 있다.

짝 지워준 지 여섯 해가 지났는데 아들네 식구는 고대로다. 손주를 안겨주기는커녕 한술 더 떠 독일로 기술 이민을 가겠다며 몽니를 부려 삼 년을 남처럼 지냈다. 기껏 공부 시켜 없는 돈에 수도권에 신혼집까지 마련해줬는데 해외로 떠나겠다니 괘씸했다. 그때의 심경은 안 먹고 안 써가며 노후를 위해 들어놓은 보험회사가 완전히 파산된 거나 진배없었다.

승진하며 이민 이야기는 쏙 들어갔지만, 아이는 끝내 낳지 않겠단다. 워킹맘에게 자라는 아이가 불쌍하다는 구실을 갖다 붙인다. 억지로 되는 일도 아니고 걱정이다. 점점 늘어나는 비혼주의자와 결혼은 선택이고 결혼해도 출산을 하지 않겠다는 젊은이가 눈덩이처럼 불어난다. 힘들고 고통스러운 걸 피하려 드는 우리 아들도 같은 부류인 듯싶다. 툭하면 어린이집에서 일어나는 학대 사건이 매스컴을 탄다. 부모의 가혹한 학대도 증가추세다. 과연 이런 세상에 아이를 낳고 싶을까.

역병으로 경제는 온통 잿빛이다. 바늘구멍으로 남았던 취업 문조차 막혔다. 취업준비생은 갈 곳이 없고, 강화된 거리 두기와 집합금지로 자영업자는 더는 버틸 수 없는 지경이다. 서울의 아파트값은 무서울 정도로 치솟는다. 청주도 일부 지역은 1년 전에 비해 100%가 올랐다. 기이한 현상은 분명 처음이고 정상이 아닌데 젊은이들이 어찌 내 집 마련을 꿈꾸겠는가.

하수상한 세상이라 어딜 가나 탓이 난무한다. 계획대로 되지 않고 조금이라도 손해 보고 불리해 지면 끌어다 붙인다. 탓을 막을 명쾌한 처방이 있을 리 없다. 꿈도 희망도 취업도 결혼도 아이도 다 포기한 젊은이 숫자가 점점 더해간다. 그들의 꿈이 꺾이고 마음속에 탓만 들끓는 걸 볼 만장만해서는 곤란하다. 두려워 말고 부닥치고 견디다 보면 살아지는 게 인생이라고 지속해서 일러줘야 하지 않겠는가 해도 그만 안 해도 그만인 취업이 없고 결혼도 출산도 그렇다. 다가설 고통만 떠올리지 말아야 한다. 힘들었던 시절, 종일 떼어 놓았던 아이의 순진무구한 눈동자와 재롱을 보면 일터에서의 고단함은 순식간에 녹아 내렸었다. 부쩍 증가하는 반려동물이 출산의 대안일 수는 없다.

살아보니 힘들이지 않고 오를 수 있는 정상이 없고 고통 없이 얻을 수 있는 것도 없는데, 세상살이가 힘들어 그런지 온통 무시로 뱉어내는 파편은 원망 어린 탓이다. 어쩌면 탓은 닥친 불운이나 불행조차도 내 탓보다는 관계망의 인연이나 조건, 자연까지도 끌어들여 자신이 처한 사태를 탓으로 돌리며 합리화시키려는 구실이지 않은가.

탓을 입에 자주 올리면 올릴수록 안복은 멀어진다는 사실을 알기나 하는지

도깨비장터

시장에 도깨비가 붙었다. 이름에 걸맞게 어둑새벽에 출몰해 동살이 퍼질 즈음이면 감쪽같이 사라진다. 청주 사람은 그곳을 도깨비시장이라 부른다.

공급자도 소비자도 이곳에서는 모두 도깨비다. 직거래가 원칙이며 육거리 시장 인도와 차도에 잠시 섰다 없어진다. 철마다 나타나는 도깨비도 물건도 달라지며 파는 값도 양도 제각각이다. 초반 가격은 높지만 동녘 하늘이 붉게 물들면 뚝 떨어진 값에 양을 듬뿍 주는 게 매력이다.

도깨비시장은 가성비가 높다. 직접 기르거나 채취한 제철 채소와 버섯에 과일이 나온다. 중간 마진이 없어 저렴하다. 다만 많은 도깨비가 북적대다 보니 걷기가 쉽지 않다. 좁은 인도에 팔아야 할 물건이 있고 일부 도깨비의 팔자걸음에 손수레까지 끌고 다녀 부딪히기 십상이다.

기억 속의 고향 장터는 고무신과 양은 솥을 때우고 알록달록한 옷가

지가 널려 있고 주전부리가 쫙 깔려있었다. 익살 넘치는 장돌뱅이의 소리가 들려왔고 왕대포를 거푸 들이킨 불콰한 얼굴이 풍기는 막걸리 냄새를 맡아야 했으며 거나한 취객의 갈지자걸음에 지게에 매달린 자반고등도 어지럽게 그네를 타야 했다.

시장 구경을 좋아하는 아내와 자주 도깨비시장을 찾는다. 두루 살피다 마음에 드는 것을 사고 아침밥까지 해결한다. 요즘 주부들이 "가장 맛있는 요리는 남이 해주는 요리요, 최고 좋은 날은 밥 안 하는 날"이라 하기에 도깨비시장을 찾는 날은 그곳 밥집을 찾아간다.

간판이라야 빨간 페인트로 '보리밥' 세 글자만 적혀있다. 건물도 간판도 허름하기 짝이 없다. 일단 보리밥집으로 합격점이다. 하긴 선택의 여지도 없다. 새벽에 영업하는 유일한 곳인지라.

안으로 들어서도 주인은 인사조차 없다. 세 개의 사각 테이블에 딱 세 자리가 남았다. 이곳은 합석이 기본이다. 낯선 사람과 얼굴을 맞대고 목으로 밥을 넘기는 게 쉽지 않지만 도리 없다. 게다가 보리밥이 단일 메뉴이다.

세월이 얼굴에 그어놓은 흔적만 봐도 일흔 가까이 되었을 밥집 아지매가 묻는다. "꽁이요, 반반이요" 나와 달리 아내는 쌀, 보리가 반반 들어간 것을 주문했다. 기다리는 동안 주방이 따로 없는 가게를 훑어본다.

가스 화덕의 들통에는 시래깃국이 구수한 냄새를 풍기며 끓는다. 옆에는 대형 전기밥솥이 있고 개수대 아래에는 커다란 간장통, 멸치액젓, 주방세제인 퐁퐁이 놓여있다. 앉은뱅이 탁자 맞은편에는 기다란 거울이 걸려있고 위에는 사철지지도 않는 노란 개나리꽃이 축축 늘어져 있다.

문이 열리는가 싶더니 빨간 바가지를 든 두붓집 남자가 외친다. "아지매요, 큰 대접 항개 주이소" 등진 아지매는 대답은 물론 고개도 안 돌리고 보리밥 대접을 뒤로 쑥 내민다. 긴장한 두붓집 남자와 달리 훌쩍한 키에 어깨는 축 처지고 텁수룩한 수염을 한 50대 사내가 함께 들어선다. 금방이라도 쓰러질 듯 지쳐 보였다.

두부집 주인이 들고 온 바가지에는 말만 순두부지 몽글몽글 큰 덩어리로 뭉친 게 누른 모두부나 진배없다. 양은 대접에 철철 넘치게 붓고도 절반은 남았다. 아지매가 막걸리 한 병과 양념장에 시큼한 김치를 내주며 한마디 한다.

"보소, 산 사람 목구녕에 거미줄 안 치니 숙맥 맹크로 코 빠뜨리지 말고 막걸리 한잔하고 힘내소."

다들 힘들다더니 어지간히 어려운가 보다. 그래도 저렇게 나누는 정이 있으니 살만하지 않은가. 두부집 주인은 한 바가지의 순두부를, 보리밥집은 열무김치에 막걸리 한 병을 내주며 실의에 빠진 사내의 어깨를 도닥여준 셈이다. 알고 보니 사내는 밭떼기 장사였다. 지난해 양파가 풍작이라 날리고, 열무와 배추에 투자했으나 잦은 태풍이 몰고 온 비로 모두 녹아 엄청난 손해를 봤단다.

순두부 한 대접과 막걸리 한 병을 깨끗하게 비운 사내는 들어올 때와 전혀 다른 모습으로 일어선다. 옮겨 심은 나무처럼 주렵을 떨다 활착한 것처럼 허리를 곧추세우고 기운차게 걸어서 밖으로 나간다. 절로 고개가 끄덕여진다.

요즘 코로나 19의 출현으로 모두가 어렵다. 하지만 우리는 어려움에 처한 사람을 보면 측은지심이 발동하는 정 많은 민족이고 IMF나 서해 기름유출사건처럼 국난이 오면 단합된 힘으로 해결하지 않았던가. 시련은 따르겠지만 반드시 이겨내리라 믿는다.

도깨비시장 도깨비는 절대 해를 끼치지 않는다. 비록 부스스하고 뒤통수에 까치집을 짓거나 편한 옷차림을 해도 절대 흉이 되지 않는다. 모두 이해하는 소통의 장이며 서로 보듬고 나누는 곳이다. 마트에 배해 싱싱한 물건을 살 수 있고 따뜻한 정이 담긴 덤이 주어지고 양은 곱절이요, 가격은 절반인 곳이다.

정이 그립고 사는 맛을 느끼고 싶으면 도깨비시장을 가보시라.

여운

잊히지 않고 오래도록 또렷하게 기억되는 영상이 얼마나 될까. 머리가 하는 일이라 담고 싶다고 저장하고 털어내고 싶다고 사라지는 것도 아니었다. 세상사 살아보니 보고 겪었다 해도 모두 저장되지는 않았다.

당신은 내 기억에 자연스레 각인된 *기명記銘이었다. 감동이나 충격으로 저장된 선명한 영상은 필요시 재생과 재인의 단계를 반복한단다. 사실 인간의 기억은 기명 보유 재생 재인의 단계를 거쳐 형성되지만 한두 개의 강하게 인지된 것만 저장하며 자극에 의해 재생되는 감동의 영상은 잔잔한 여운으로 이어지기도 한다.

문학은 내게 또 다른 도전이었다. 살아내느라 정신없었기에 바라보기만 했던 글쓰기를 몇 년의 수련 과정을 통해 당신 앞에 설 수 있었다. 십육 년 전, 신인상 수상이 계기였다. 긴장한 상태로 연단에 올랐다. 앞선 수상자에게 상패가 수여되고 맨 끄트머리인 내 순서가 다가오자 손에

땀이 났다.

당신을 보니 짙은 숯 검댕이 눈썹만 보였다. 빙그레 웃으며 "축하합니다. 건필하세요."라며 당선 패를 건네주고 악수를 했다. 순간, 움켜쥔 손이 참으로 따뜻했다. 기분이 묘했다. 보드랍고 가녀린 여인의 손도 아닌 투박한 당신의 손으로 전해지는 따뜻함이 그토록 오래가는지.

뵐 기회는 연중 두 번의 큰 행사였지만 몇 해 동안은 당신의 바라기만 했다. 내빈석에 찾아가 인사를 드리고 싶었지만 숙기가 없었다. 움직이는 동선마다 늘 많은 인파에 둘러싸인 당신에게 신참내기가 다가서긴 힘들었다. 그저 먼발치서 바라보기만 했다.

생전에 뵌 것도 열 번뿐이었다. 당신이 숨은 그림자가 되고 나서는 편찮으시다는 소문만 무성했다. 마지막 대면이 되고 말았던 십 년 전 동계 행사에서 뵙고 나니 병환의 위중함에 안타까웠다. 그런데도 염치없이 첫 수필집 《섶다리》를 보내드렸다. 병환이 깊은 줄은 알았지만 왠지 꼭 보내야 할 것 같아서였다.

엽서가 도착했다. 책은 잘 받았고 투병 중이라 심란한데 따뜻한 글이 마음을 편하게 해주었다며 건필하라는 당부도 곁들였다. 말기 암의 고통 속에 엽서를 쓰셨을 당신을 떠올리니 그저 죄송스러웠다. 평소의 인품으로 봐서 작품집을 받으시면 절대로 그냥 넘기실 분은 아니었다. 부족한 글을 투병 중에 읽으시게 한 게 마음에 걸리면서도 친필 엽서는 반가웠기에 출간기념식 방명록에 끼워 여태 보관하고 있다.

문학의 길로 들어선 지 어언 20년이 가깝다 보니 연 70여권 가까이 작품집을 받게 된다. 일단 받고 나면 의례적인 가벼운 인사를 문자로 보내지만 바쁘다는 구실로 작품집을 읽고 소감을 보내는 경우는 그리 흔치 않은데 위중함에도 엽서를 보내셨다는 사실만으로 감동이었다.

책장에 있던 당신의 수필집을 모두 꺼내 다시 읽으며 생을 꼼꼼히 들여다본 셈이다. 몇 번의 바닥을 치는 실패를 견뎌내고 사업가로 수필가와 소설가로 우뚝 선 남자 중의 남자이셨다. 모 문예지와 인터뷰에서 "수필창작에도 꼭 들어갈 양념이 있는데, 그것은 사람의 도리며 어떻게 하면 사람이 사람답게 살다 가느냐에 큰 의미를 둔다."라고 하셨다. 당신은 평소의 소신대로 도리를 다하며 타의 본이 되는 삶을 잘 사셨다는 생각이다.

후배 문학인을 위해 당신이 제정한 문학상은 경제적 여유가 있다고 누구나 할 수 있는 것은 절대 아니다. 끝없이 배우며 노력하는 문우에게 용기를 주고 창작 의욕을 북돋우기 위해 길을 터 주신 것이다. 이런 맥락에서 당신이 보여주신 巨山의 면모를 봤다. 문학에 관한 뜨거운 열정과 조건 없는 애정은 어머니의 사랑처럼 무한했었다.

'인생을 잘 살았다는 건 가장 가까운 사람에게 인정받는 것이라고 한다.' 잘 모르는 사람에게 인정받기는 쉽다. 하지만 속속들이 꿰고 있는 사람에게 인정받기란 그만큼 어려운 일이다.

본질적인 사랑을 몸소 실현하셨던 당신이 떠나가신지 어언 9주년이다. 짧지 않은 세월임에도 그윽한 눈길로 웃던 모습과 투박한 손에서 전해오던 따스함에 극한 통증에도 수필집을 읽고 격려해주시던 자상함이 여운으로 남아있다.

만날 수는 없지만, 그리워할 수는 있다. 살다가 문뜩문뜩 그리워한다는 건 남아있는 인연의 기척이다. 저장된 기명을 재생만 하면 여운으로 이어지는 건 인생을 아주 잘 사신 결과다. 어떻게 인생을 살아야 할지는 당신을 떠올리면 보인다.

*기명記銘: 인상적이었던 것만 기억되는 것을 말함.

오죽하면

상처 없는 삶이 없듯 절망으로 방황하지 않은 사람이 어디 있으랴.

입만 열면 긴 한숨이다. 짙은 안개 속의 시계는 한 치 앞도 가늠하기 어렵다. 임금인상, 근로시간 단축의 악재에 바이러스 출몰은 치명타였다. 견디다 못해 이미 문을 닫았거나 폐업을 염두에 둔 소상공인이 많다. 이래저래 고통스러운데 사정을 봐줄 리 없는 건물주는 꼬박꼬박 월세를 챙긴다.

느닷없이 휴대폰대리점이 각종 액세서리를 출입구 앞에 진열하고 손님을 기다린다. 오죽하면 저러나 싶지만 지나치는 행인은 눈길조차 주지 않는다. 삼십 대 총각 사장의 궁여지책이나 판매를 기대하기 어렵다. 사장은 애가 타고 진열한 상품에는 뽀얗게 먼지만 쌓여간다.

뜬금없긴 매한가지, 프랜차이즈 떡집은 인도에 숙녀복을 진열했다. 취업준비생으로 몇 년을 허비한 딸이 월세라도 보태려고 야심차게 대들었지만 바라보는 시선은 오뉴월인데도 서리가 내릴 듯 차갑기만 하다. 좀처럼 줄어들지 않는 옷은 보름이 넘도록 내걸렸다.

지난해 여름 상가 주인이 찾아왔다. 멋쩍은 웃음이 던지는 불길한 예감은 적중했다. '잘되지요.' 이 불황에 잘 되냐고 묻는 목적은 하나다. 월세를 올리겠다는 말이다. 힘들다고 해봤자 소용없는 걸 파악한 지 오래다. 다음 달부터 십만 원만 올려 달란다. 십만 원 만이라니, 속에서는 열불이 났지만 약자의 입에서는 알았다는 말이 자동으로 튀어나왔다.

나름대로 장사가 잘된다고 소문났던 하복대 상권도 흔들린 지 오래다. 백화점이 들어설 때만 해도 미풍이었지만, 초대형 아울렛매장이 들어서자 블랙홀처럼 빨아들였다. 예외인 점포가 별로 없었다.

몇천 가구의 아파트와 4차선 도로를 두고 사십여 개의 점포가 있지만 일 년이면 대여섯 개의 상가가 삼십 대로 바뀐다. 대부분 프랜차이즈가 맹점이라 개업을 할 때마다 가슴이 철렁 내려앉았다. 과연 얼마나 견뎌낼까. 높은 임대료와 가맹점비에 각종 비용을 지출하려면 하루 매출이 오륙십 만 원 이상은 올라가야 하는데 사실 절반도 어렵다. 몸이 부서져라 일해도 돈은 정작 임대인과 본사가 챙겨간다.

사람은 힘들면 탓을 하게 마련이다. 매출이 떨어지는 건 코로나19와 대형마트 탓이고, 하늘 높은 줄 모르고 치솟는 임대료와 집값은 오락가락 난맥을 보여주는 정부 시책 탓이다. 온 국민이 금붙이를 내놓아 고비를 넘었던 외환위기 때보다 훨씬 더 어려운데 잇속만 챙기는 건물주는 월세를 깎아주기는커녕 눈치 봐가며 올리기도 하니 엎어진 놈 밟는 꼴이다.

겪어보지 않은 사람은 모른다. 월세 내는 날이 왜 그리 빨리 오는지. 깊어지는 불황이라 고심 끝에 가게를 내놓았지만, 일 년째 찾는 이가 없다. 알토란같은 몇 천만 원의 권리금이 허공으로 사라졌다. 그뿐만 아니라 열 평짜리 점포월세로 십여 년간 청주의 20평대 아파트 한 채 값이 건물주에게 들어갔다. 폐업 후 통장이 바닥인 것을 보면 열심히 일해 임대인 배만 불려준 셈이다.

건물주 중에는 못된 심보를 가진 이도 더러 있다. 혹여, 후환을 없애려 계좌이체는 안 되고 현금만 챙긴다. 매월 말이면 손때 잘잘 흐르는 낡은 가죽 손가방을 들고 당신의 건물을 한 바퀴 돈다. 1층에 세 곳, 2층에 한 곳, 3층 한 곳 등 가방이 맹꽁이 배가 되어서야 뒷모습을 보인다. 어떤 부류는 나라에 신고하는 자료는 눈곱만큼, 거둬가는 돈은 네 배가 넘는 이도 있다.

바로 옆 가게를 부동산에 내놓았다는 소문이 들렸다. 무슨 일이 있기에 가게를. 벽 하나를 가운데 두고 십 년을 함께 보냈다. 하는 일이 다르다 보니 서로 상부상조했다. 여일하다는 소리를 들어야 마땅한 사람이나. 말수노 적고 누구에게나 성심성의껏 대했다.

그녀에게 시련이 닥쳤다. 실직한 남편을 위해 적은 돈으로 외진 곳에 커피숍을 차려 1년간 운영하였다. 찾는 사람이 적어 근근이 유지하는데 문제가 생겼다. 남편을 도와주던 휴학한 딸이 복학해야 했고, 대중교통이 불편해 시급제 학생도 구할 수 없단다. 그나마 커피숍에서 일하는 남편의 기를 죽이고 싶지 않아 단골이 북적이는 가게 문을 닫아야 하는 이유란다.

가게를 그만두는 것만도 가슴이 쓰린데 건물주는 떠나는 세입자 가슴에 대못을 박았다. 사전에 월세를 올리지 말라고 몇 번이나 애원했고 알았다는 답도 했단다. 그런데 막상 계약을 하고 일천 만 원을 받고 나니 월세를 올려야 한단다. 약조하고 지금 와서 왜 그러냐며 따지자 위약금 천만 원보다 5년 치 월세 인상분 600만 원을 계약자에게 주는 게 낫다고 했다니 이런 모리배가 어디 있을까.

개인주의가 확장되는 시대에 옛날 경주 최 부자를 그리워한들 무슨 소용이 있으랴만 그만은 못해도 덕행을 쌓는다 치고 힘없는 세입자의 아픔을 달래주고 짐을 덜어줄 사람은 정녕 없는가. 반세기전만해도 누군가 어려운 일이 닥치면 서로 돕고 격려하며 따뜻한 정을 나눴는데 지금은 남의 일이라면 강 건너 불구경식이다. 임차인이 없는 임대인은 존재할 수도 없지 않은가.

현재도 점점 줄어드는 매출에 높은 임대료와 운영비로 폐업을 떠올리는 자영업자가 많다. 생계위협이라는 심각한 문제의 한계점에 이른 것이다. 하지만, 그들은 가족의 얼굴을 떠올리며 그래도 살아야 하지 않겠냐며 느슨해진 삶의 끈을 조여 맬 수밖에 없다.

오죽하면 그들은 매일 폐업신고서를 가슴으로 쓴다

괜찮아

"괜찮아"에는 많은 뜻이 숨겨져 있다. 상대를 안심시키려는 속내, 이해하고 격려하는 배려, 이만하면 됐다는 자위, 자신이 한 일을 합리화시키는 구실도 있어 따뜻하고 달콤하기도 하지만 때론 밍밍하고 쓰기도 하다.

아흔을 목전에 둔 장모님은 고독한 섬이 되신지 오래다. 맏사위가 모시려 해도 한사코 손사래를 친다. 안부 전화를 드리면 말씀은 판박이다. "나가 살면 을매나 산당가, 이제 늙어부렀응께 괜찮다 말씨, 자네 근강이나 챙기고 운전이나 조심하소."라며 오히려 사위 걱정이다. 자식에게 누가 되고 싶지 않은 당신의 속마음이 깔려있음을 어찌 모르겠는가.

장모님 생신이 하필 맡은 문학단체 행사와 겹쳐 갈 수가 없다. 아내가 미리 전화를 드려 큰사위가 못 간다고 하니 "할 수 읍제, 일하는 사람잉께," 이렇게 말씀하고 다음 날 전화해서 미루자고 하시더란다. 행사를 마치고 잠시 쉬는데 장모님 전화다. "나가 자네가 없응께 아주 서운하네." 이것저것 생각할 이유가 없다. "내일 새벽에 내려갈게요." "응 그래 알았네." 전화는 바로 끊겼다. 장모님의 괜찮아는 괜찮은 게 아니었다.

직장 시절 근로자의 날이면 친목을 다지는 그룹 내 삼사三社 체육대회가 열렸다. 어릴 때 기본기를 조금 배웠다는 이유로 배구선수로 선발되었다. 발로하는 운동은 익히긴 어려우나 오래간다. 하지만 손으로 하는 운동은 쉽게 익히나 멈추면 금방 표시가 난다.

우승을 위해 전직 배구선수를 영입해 훈련하는데 얼굴 정면으로 날아오는 강력한 스파이크가 무서워 눈을 감고 리시브하니 공은 제멋대로 튕겨져 날아갔다. 잦은 실수로 위축돼 하기 싫었다. 그럴 때마다 지도 코치와 부서장은 "많이 좋아졌어, 괜찮아"라며 다독이며 격려했다. 나중에 돌아보니 그 말이 큰 힘이 되었기에 삼 년을 연거푸 우승했다.

일 년 전이다. 남의 글을 통 채로 도용해 서너 군데의 공모전에서 상을 싹쓸이했다는 뉴스는 경천동지할 사건이다. 어쩌다 이 지경까지 왔을까. 귀를 막고 눈을 가리고 싶었다. 탐욕이 빚은 후안무치한 개인의 일탈이지만 이는 전체 문인을 욕되게 하는 몰지각한 행동이다.

청주에서도 표절 문제가 발생했다. 월간지에 게재된 작품이 좋다며 평론에 선정되기도 했는데 알고 보니 남의 글을 도용한 것이라 원작자의 항의로 문제가 불거졌다. 과욕이 부른 불상사이다. 무슨 망신인가. 엄연한 범죄인데 이 정도는 괜찮다고 오판했을까.

청탁받은 원고를 집필하다 보면 마음에 들지 않을 때가 있다. 마감

일은 다가오고 들여다보고 읽어봐도 그게 그것이라 열댓 번 퇴고를 거치면 '이만하면 글이 뭐 이래 소리는 듣지 않으니 괜찮아'라며 메일 발송 버튼을 누른다. 지면에 게재된 작품을 보면 아쉽다. 좀 더 퇴고했더라면 좋았을 텐데 나태해진 심신 괜찮아가 낳은 미완의 작품이다.

1990년대, 기술연수로 일본 출장이 잦았던 시기에 NHK 티브이에 참담한 소식이 연이어 올라왔다. 기억조차 하기 싫은 성수대교와 이듬해 발생한 삼풍백화점 붕괴 사고였다. 일본사람들은 집요하게 파고들었다. 질문의 속내는'당신 나라 수준이 저 정도냐'는 의도가 담겨있어 부아는 났지만 답변은 궁색할 수밖에 없었다.

참담했던 두 사고를 들여다보면 '이 정도는 괜찮아'라는 위험천만한 안전 불감증이 깔려있었다. 설계대로 시공했다면 사고는 일어나지 않았다. 은밀한 뒷거래로 받은 낙찰과 시공하면서 철근 몇 가닥 빼고 시멘트 좀 줄인다고 무슨 일 있겠냐는 안일한 의식이 대형사고가 부르는 현실이 서글프다. 십 년 정도 일본 출장을 다니면서 지켜본 그들은 우리와 달랐다. 건설 현장이든 제조업체든 철저했다. 기준치에 미달하는 재료는 절대 쓰지 않았고 정해진 법규와 맡겨진 일은 누가 지켜보지 않아도 잘 지켰다. 과연 우리도 그럴까.

어른들 말씀 '나는 괜찮다'는 자식이나 아랫사람을 위한 배려이다. 그런 속내를 아는데도 세월의 더께가 쌓여야 하지 않던가. 살면서 고통스럽지 않았거나 절망해보지 않은 삶은 없다. 그럴 때 상대를 향한 배려의 괜찮아는 다시 일어설 수 있도록 희망을 주는 위무의 말이다. 반면에 나태한 육신의 꼬임이나 탐욕이 부르는 상관없어, 괜찮아는 타자에게 피해나 위험에 빠뜨리게 할 수도 있다. 우리가 듣고 싶고 하고 싶은 말은 진솔함이 담긴 사랑의 표현 “괜찮아”인 것을.

화근

철저히 어긋났다. 의지와 운명이. 야속하고 배은망덕하다는 말을 듣더라도. 애당초 야멸치게 뿌리쳤어야 했다. 사람 좋다는 평판을 듣는 그가 도와 달라는 손을 덥석 잡은 것이 재앙을 부른 셈이다.

청첩장이다. 첫 혼사로 셋째를 앞세운다는 기별이다. 까짓 순서야 어떠하랴. 부모님 모시고 전답 거두며 삼십여 년 봉직하다 명예퇴직 한 사람이다.

예식 이틀 전, 다급한 전화를 받았다. 너무 놀라 머릿속이 하얗다. 한 치 앞을 예측할 수 없는 것이 인생이라지만 도저히 믿을 수가 없다. 내심 넉살 좋은 친구의 농담이길 바랐지만 충격적인 사실이다.

결코 있어서는 안 될 혼주의 변고라니 청천벽력이다. 머리를 쥐어짜도 묘안이 없다. 상견례를 하고 결혼 준비를 하며 작은 흠결도 사돈댁에 보이지 않으려고 얼마나 애를 썼던가. 그런데 일이 터지다니, 신부는 물론 가족이 느끼는 당혹감은 가히 상상조차 어려웠다. 당사자는 얼마나 참담할까. 예식만이라도 참석하게 한두 시간 봐주지 않겠냐는 실낱같은 희망을 일단 걸었다.

해거름에 도착한 숙소와 신부 집은 반마장이지만 찾아갈 엄두를 낼 수 없었다. 아무리 가까워도 딱히 가족에게 해줄 위로의 말을 찾지 못해 애꿎은 소주만 들이켰다.

날은 밝았지만 몸도 마음도 천근만근이다. 딸의 손을 잡고 입장해야 할 혼주가 영어의 몸이라니 암만 생각해도 난감하고 허탈했다. 식장으로 가야 하는데 발걸음이 떨어지질 않는다.

관계에 공들인 그의 마당발로 식장은 하객으로 넘쳐나는데 여기저기 둘러봐도 보이지 않는다. 인륜대사라 잠시 배려해주지 않겠냐는 희망은 끝내 절망이 되었다. 고발한 상대가 지켜보기에 경미해도 관용이 불가하단다. 손님을 맞아야 할 혼주가 보이지 않으니 하객의 궁금증은 각자의 상상으로 일파만파 퍼졌다. 예제 없이 삼삼오오 모여 수군거린다. 바라보는 내 속도 새까맣게 타들어 갔다.

옆자리를 비워둔 채 홀로 하객을 맞는 지인의 아내와 인사를 나눠야 하는데 내 머리는 적당한 말을 찾아내지 못한다. 축하한다고도, 참 안됐다고 할 수도 없다. 얼굴을 마주 보는 것조차 민망한 일이다. 그냥 말없이 까만 내 구두코만 보면서 악수를 했다. 퉁퉁 부었을 신부 얼굴은 바라볼 자신이 없어 밖으로 나왔다.

선거에 출마했던 두 후보는 선후배 사이이다. 한 표가 아쉬운 호각세에 간곡한 요청을 거절할 수 없었다. 금품을 돌리는 것도 아니고 지지만 당부하는 터라 '괜찮겠지'라고 승낙한 게 오산이었다. 쌍심지를 켜고 감시하던 상대 후보의 고발로 긴급 구속이라는 초유의 사태가 벌어졌다.

관계망 속에서 살아가는 인간은 상대의 의도와는 상관없이 자신이 느끼는 감정으로 서운함이 쌓이고 그로 인해 관계에 금이 가고 때로는 돌이킬 수 없는 사이가 되기도 한다.

어쨌든 공인의 본분을 잠시 망각한 게 문제였다. 내가 만일 그 입장이라도 부탁을 거절하기는 어려웠었을 것 같다. 하지만 해서 될 일이 있고 안 되는 일이 있는데 안타까웠다. 정에 이끌려 공사를 구분하지 못해 호되게 대가를 치른 셈이다.

예식이 진행되는 시간에 그는 숨은 쉬겠지만 산목숨은 아니었을 것이다. 과연 이보다 더한 고통이 있을까. 면회를 신청했다. 헝클어진 머리카락 퀭한 눈 텁수룩한 수염의 몰골이 십 년은 늙어 보였다. 두 손마저 자유롭지 못한 그가 상체를 들썩이며 쏟아내던 눈물의 의미는 굳이 말하지 않아도 알 수 있었다.

언제 터질지 모르는 이 녀석은 빙산의 일각처럼 끝만 살짝 보여준다. 절대 위험하거나 문제가 될 것으로 여기지 않는 맹점이 있으며 "괜찮아" 하고 가벼이 놀리는 혀와 눈이 시키는 버릇없는 엉큼한 손을 좋아한다. 사소함으로 시작해 서운함과 언짢음으로 몸집을 키운 화근이 곪아 터지면 자신과 가족은 물론 연관된 지인까지 불행하게 만들 수도 있다.

가벼움과 사소함으로 포장한 화근이 나를 노릴지도 모를 일이다.

그녀의 비밀

뭐지, 도통 이해가 가질 않는다. 알아도 뭘 단단히 잘 못 안 것 같다. 종일 그녀에 대한 궁금증으로 알아볼 만한 곳은 다 뒤져도 답은 하나다. 가능키나 해 그게.

사실 전에는 그녀에게 눈곱만큼도 관심이 없었다. 예쁘길 해. 상냥하길 해. 게다가 덩치는 산만하니 아무리 간 큰 남정네도 만만하게 추파를 던질 상대가 아니다. 생김새야 바꿀 수 없더라도 곱게 분칠하고 입술이라도 그렸다면 약간의 관심은 받을 수도 있었겠다.

곰곰이 생각해도 그녀의 신상명세서를 작성한 사람이 전날 과음을 했나, 아니면 누군가의 병간호로 잠을 설쳤을까, 혹시 잡념으로 혼선을 빚었나. 그래도 그렇지 초등학생을 포함해 수많은 시민이 보는 자료를 그렇게 해선 곤란하지. 신체적인 악조건으로 인기는 없다 치더라도 그건 그녀에 대한 예의가 아닌 건 분명해.

따사로운 봄볕을 등에 지고 산을 오르다 그녀의 가슴팍에 달린 명세서를 흘깃 쳐다봤다. 그걸 보며 젊은 취업준비생들이 머리 싸매고 들어가고 싶어 하는 조직의 공복公僕이 한눈을 판 게 틀림없어. 도대체 이게 말이 돼.

혈기왕성하고 건강한 그녀가 결혼하고 그것도 배란일을 잡아 몇 날 며칠을 불타는 사랑놀이를 했는데 수정은 됐으나 임신 기미도 없이 일곱 달은 홀쭉한 배로 겨울을 넘기고 따뜻한 봄볕을 쬐고서야 슬슬 배를 불려 열일 곱 달 만에 출산을 한다. 세상에 이런 일이.

궁금증에 담당 부서로 전화를 했지. 대답인즉 사전에 있는 그대로 썼다는 거야. 왜 그런지는 자기는 모른데. 내참, 공복 중에 이런 사람이 얼마인지도 모르는데 내년에 몇만 명을 또 늘리겠다고.

온갖 곳을 다 쏘다니며 그녀의 비밀에 관해 물어도 아는 사람이 없어. 대학의 전공 교수, 해당 기관 등 알만한 곳은 모두 들쑤셔도 헛일. 슬슬 오기가 발동하는데 누가 옆구리 찔러 주더라고, 푸른 기와집보다야 한 끗발 낮지만 국민의 소리를 경청한다는 큰 북을 두들겨 보라고.

이것저것 확인사항도 많고 번거로운데도 불구하고 민원을 넣었지. 대체 상수리나무에 대해 정확히 아는 곳이 없으니 답 좀 해달라고. 사실 그녀의 가슴팍 이름표에는 이렇게 적혀 있다.

"상수리나무는 5월에 개화 수정이 되고 열매는 다음에 10월에 결실을 맺는다."

만물의 영장인 사람도 임신 기간이 열 달인데 그보다 일곱 달이 더 긴 게 말이 되냐고. 상수리가 모두 떨어지고 잎이 진 다음 사랑놀이한 암꽃이 진 자리를 눈을 씻고 들여다봐도 흔적조차 없는 상수리나무의 수정체는 대체 어디에 꼭꼭 숨어 겨울을 넘기냐 이거지.

드디어 답이 왔다. 들여다보니 궁금증이 해결되기는커녕 부아만 나고 의혹만 부풀렸지. 질문에 관해 한국에서 연구 확인된 사항은 없다며 America가 선명하게 찍힌 영문본 5장을 보내줬어, 글씨 크기도 깨알만 한 데다 무식한 내가 어찌 읽을 수 있냐고. 영어 좀 하는 아들 녀석에게 번역을 요청했더니 바쁘다며 번역 사이트를 문자로 날려주더라고.

별수 있나 목마른 사람이 샘을 파야지. 직역하니 뭔 소릴 줄 더 모르겠어, 대충 이해가 가는 건 지중해 같이 환경이나 기후 등 생육 조건에 따라 결실이 달라진다고 하더라고. 그렇다면 우리나라는 수정된 그해에 결실을 맺는 게 맞는 것 같은데 힘없는 백성이 목에 핏대 세우며 우겨서 될 일이겠어.

3년째 상수리나무만 죽어라 올려다보다 목 빠지는 줄. 이듬해 결실을 보려면 깍지만 생긴 채 휴면상태로 들어간다고 자료에 씌어있는데, 한겨울 나목인 상수리나무를 암만 쳐다봐도 앙상한 가지밖에 없더라.

키 작은놈 하나 제대로 골라놨어, 상수리가 달린 사진을 증거로 채택하려고 멋들어지게 서너 장 박아놨지. 휴면에 들어간다는 작은 깍지는 눈을 씻고 봐도 하나도 없었어. 그런 가지에 상수리만 내년에 조롱조롱 달려봐라. 가까워 찾아가기도 쉬운 관청 좀 가봐야겠다.

이런 종류의 자료가 어디 상수리나무뿐일까. 여기저기 외국 자료를 인용해 마치 그것이 우리가 만든 것처럼 둔갑시키는 것들도 많을 거야. 전에는 그랬어도 이제는 그래선 절대 안 되지. 선진국 진입을 앞둔 나라잖아.

매년 가슴팍 돌로 두들겨 맞는 불쌍한 상수리나무에 묻노니 너라도 바른대로 말해주렴.

"너 정말 해 넘겨서 출산하니."

변종호 수필집

내민 손 잡은 손

인쇄 2022년 6월 10일
발행 2022년 6월 15일

지은이 변종호
발행인 서정환
펴낸곳 수필과비평사
주소 서울시 종로구 삼일대로 32길 36(익선동 30-6 운현신화타워 빌딩) 305호
전화 (02) 3675-3885 (063) 275-4000 · 0484
팩스 (063) 274-3131
이메일 essay321@hanmail.net
출판등록 제300-2013-133호
인쇄·제본 신아출판사

ISBN 979-11-5933-332-3 (03810)
값 13,000 원

Printed in KOREA

* 이 책은 2022년도 충북문화재단 Chungbuk Cultural Foundation 의 문화예술육성사업기금을 지원받아 발간하였습니다.